Randall Roque

Hago la herida para salvarte
I Make the Wound to Save You

Translator: Mauricio Espinoza

Nueva York, 2020

Hago la herida para salvarte / I Make the Wound to Save You

ISBN-13: 978-1-940075-93-8
ISBN-10: 1-940075-93-9

Design: © Carlos Velasquez Torres
Cover & Image: ©Jhon Aguasaco
Editor in chief: Carlos Velasquez Torres
E-mail: carlos@artepoetica.com
Mail: 38-38 215 Place, Bayside, NY 11361, USA.

© Hago la herida para salvarte / I Make the Wound to Save You, 2020
Randall Roque.
© Hago la herida para salvarte / I Make the Wound to Save you, 2020
for the translation into English: Mauricio Espinoza.
© Hago la herida para salvarte / I Make the Wound to Save You, 2020
for this edition Artepoética Press.

All rights reserved. No part of this publication may be reproduced, distributed, or transmitted in any form or by any means, including photocopying, recording, or other electronic or mechanical methods, without the prior written permission of the publisher, except in the case of brief quotations embodied in critical reviews and certain other noncommercial uses permitted by copyright law. For permission requests, write to the publisher, addressed "Attention: Permissions Coordinator," at the address below: 38-38 215 Place, Bayside, NY 11361, USA

Todos los derechos reservados. Esta publicación no puede ser reproducida, ni en todo ni en parte, ni registrada en o transmitida por, un sistema de recuperación de información, en ninguna forma ni por ningún medio, sea mecánico, fotoquímico, electrónico, magnético, electroóptico, por fotocopia, o cualquier otro, sin el permiso previo por escrito de la editorial, excepto en casos de citación breve en reseñas críticas y otros usos no comerciales permitidos por la ley de derechos de autor. Para solicitar permiso, escríbale al editor a: 38-38 215 Place, Bayside, NY 11361, USA.

Randall Roque

Hago la herida para salvarte
I Make the Wound to Save You

Translator: Mauricio Espinoza

Colección
Rambla de Mar

Contenido / Contents

Hago la herida para salvarte	10
I make the wound to save you	11
Randall Roque: Poeta Ariel en Tierra de Calibanes	15
Randall Roque: An Ariel Poet in the Land of Calibans	21
Hago la herida para salvarte,	
la distopía de Randall Roque	27
I Make the Wound to Save You:	
Randall Roque's Dystopia	30
Familiamericana	34
Americanfamily	35
Lo que no era, lo que no fui	36
What I wasn't, what I never was	37
Ama de llaves	42
Housekeeper	43
Matar el pavo	46
To kill the turkey	47
Rinoceronte blanco	50
White rhinoceros	51
Familiamericana	52
Americanfamily	53
Déjame morir sobre la playa	56
Let me die on the beach	57
Que los muerda el amor	58
Love bites	59
Los cerezos de Neruda	60
Neruda's cherry trees	61
Hombre que mira con un vaso de whisky	62
Man who stares holding a glass of whiskey	63
Ovillo	64
Spool	65
Teas de hierro amarillo	66
Yellow iron torches	67
Sólo llamé para avisarte	68
I only called to let you know	69

Desplazados y adictos	72
Displaced and addicted	73
Fat Boy	74
Fat Boy	75
No te creo	76
I don't believe you	77
A más de cien	78
Over 100	79
¿Real?	82
Real?	83
Hindenburg	90
Hindenburg	91
Pasaporte	92
Passport	93
Relicario rojo	94
Red reliquary	95
Elegí el día de tu muerte	96
I chose the day of your death	97
Reino de los ciegos	100
The kingdom of the blind	101
La calle de los peces	102
Fish street	103
Cinema 2000	106
Cinema 2000	107
Reino de los ciegos	108
The kingdom of the blind	109
Tobillo de mujer	112
Ankle of a woman	113
Parábola del pez en la mujer	114
Parable of the fish inside a woman	115
Psicotrópicos	116
Psychotropics	117
Atrapa a la liebre	118
Capture the hare	119
Lisiados del amor	122
Lame of love	123

Amanda	126
Amanda	127
Contracultura	128
Counterculture	129
Animales perversos	130
Perverse animals	131
Tóxico	134
Toxic	135
Colchón blanco para Sasha Grey	136
White mattress for Sasha Grey	137
Déjate hundir	138
Let yourself sink	139
No dejés de girar el menú	140
Don't stop spinning the menu	141
Cosas así te matan	144
These things kill you	145
Tommy Lee	148
Tommy Lee	149
La vida es un blues de Robert Johnson	150
Life is a Robert Johnson blues	151
Sola conmigo	154
Alone with me	155
Sonreír es el truco	156
The trick is to smile	157
Jaula con pájaro amarillo	158
Cage with yellow bird	159
Cerveza cruda en Hooters con Fútbol Americano	160
Draught beer at Hooters while watching American Football	161
Hibakusha	164
Hibakusha	165
Rojo escarlata	166
Scarlet red	167
Soundtrack	**168**
Soundtrack	**169**
Carta no escrita	170

Unwritten letter	171
Perdidos por vivir	174
Lost for living	175
Hago la herida para salvarte	178
I make the wound to save you	179
Sobre el autor	183
About the author	185
Sobre el traductor	187
About the translator	188
Hago la herida para salvarte de Randall Roque	189
I Make the Wound to Save You by Randall Roque	190

Hago la herida para salvarte

Randall Roque

I make the wound to save you

Translated by Mauricio Espinoza

Dedicatoria:

Yo te esperaba mirando los pájaros:
Hiciera lo que hiciese, habría sufrimiento.
Michel Houellebecq

Dedication:

I waited for you while watching the birds:
Whatever I did, someone would suffer..
Michel Houellebecq

.

Prólogo

Randall Roque: Poeta Ariel en Tierra de Calibanes

En la dedicatoria que aparece al principio de este libro se nos muestra uno de los pilares fundamentales e implacables del imaginario de Randall Roque: la felicidad no existe. Es más, la felicidad es una maniobra comercial, un pastiche producto de la sociedad de consumo en la que nos movemos, la venta de un producto.

En 1900, es decir, cuando el pasado siglo todavía apenas se dibujaba en el horizonte, el escritor uruguayo José Enrique Rodó publicó su ensayo *Ariel*. En ese trabajo, Rodó pretendía advertir a los hispanoamericanos del colonialismo cultural mediante una trasposición de los personajes de *La tempestad*, obra de Shakespeare.

En la obra de Shakespeare tres son los personajes importantes: Ariel, Próspero y Calibán. Próspero representa la sabiduría, Ariel significa el espíritu y Calibán lo material. No era difícil asimilarlos al cambio de siglo del XIX al XX e insertarlos en la problemática identitaria de la América latina del momento.

El utilitarismo, el materialismo, corrompían los valores espirituales de todo el continente alienado por la penetración de un enemigo determinado: los Estados Unidos de América. La política de ese país, pero sobre todo la cultura —una cultura del éxito, donde priva la retribución sencilla e inmediata, el imperio del hedonismo por encima de todo, la dictadura del placebo de la felicidad que nos aparta de la búsqueda de la felicidad original— tiranizaba (y parece que aún sigue tiranizando) el comportamiento de las gentes.

Actualmente, todos los valores se han supeditado a la cultura del éxito, del éxito rápido y material, del consumismo que se asocia, erróneamente, a la felicidad. Una felicidad, como he afirmado al principio, que para el poeta costarricense nunca ha existido. La felicidad es un cuento, una quimera, una utopía cuyo concepto únicamente sirve para entontecer, y para enriquecer a unos pocos que, además, son los dueños del sistema.

No estamos en los tiempos del *Ariel* de Rodó, evidentemente, y esa maldad consumista que corrompe la espiritualidad y destruye las identidades culturales no proviene sólo del imperialismo cultural americano; en absoluto. Ahora, se busca una uniformidad global donde Calibán es un Calibán enorme e informe que quiere imponer el pensamiento único, el comportamiento aborregado y un corte de las masas por el mismo patrón.

Randall Roque, ejerciendo de una especie de Rodó del siglo XXI, abre este poemario de evidentes ecos *bukowskianos*, albergados ya desde su título, ese **HAGO LA HERIDA PARA SALVARTE**, con una primera entrega de poemas bajo el epígrafe de *Familiamericana*. No es casualidad, desde luego. El poeta identifica el lugar, el núcleo en donde se reproduce de forma más flagrante este imperio de Calibán.

De esta manera, se muestran inútiles los elementos positivos que podrían conformar esa presunta felicidad que no existe, imposibles, absurdos, inasibles. El amor, "*es un grito en el vacío/ una bandada en un bosque en llamas*". Ya desde el comienzo, esta *Familiamericana* pone al descubierto otra de las características de Randall Roque, a la que ya he me he referido en alguna ocasión: lo que denomino *poesía boxística*. Sus poemas nos lanzan directos, *crochets* y ganchos a la mandíbula para dejarnos en un estado de K.O e indefensión, sometidos por completo a sus versos. Y como muestra, el final del primer poema: "*el amor es de quién sufre más*". Ni un atisbo de felicidad.

Es el trabajo lírico de Randall Roque un compendio de imágenes desasosegantes que, inquietas, apuntan directamente a la diana de nuestros sentimientos y experiencias. *Ama de llaves* comienza con un buen ejemplo de esto: "*Hay mujeres con manos de llaves/ que prueban en todas las puertas*". Se produce una demolición de cada uno de los valores que, supuestamente, conforman la felicidad ideal que nos impone el sistema.

En el imaginario del poeta parece que solo existe el sufrimiento, el malestar, la honda desesperanza y el pesimismo, como formas de rebelarse contra el pensamiento único social de Calibán. Esto lo distancia de Bukowski que, a pesar de ser un referente para el costarricense, en absoluto coincide con esta profunda visión negativa de la existencia.

Si Bukowski, en su poesía, lanza un canto al placer que puede provocar el sexo, las mujeres, el alcohol, el anarquismo y la independencia, revistiendo de colores positivos hasta la existencia más desesperanzada, en **Familiamericana**, y en los siguientes libros que componen este volumen, en especial el notable **Contracultura**, el poeta extiende una realidad que naufraga en esos falsos sustitutivos de la felicidad y dinamita cualquier atisbo de posible escapatoria.

Los elementos de la deshumanización y de la pérdida de identidad aparecen enumerados en el poema *Familiamericana*, núcleo de esta primera parte del poemario: la televisión y su múltiple oferta de canales vacíos e idiotas que aproximan ese mundo que es "*una máquina de demolición*". De nuevo ese verbo: *demolición*. Yo lo he utilizado en este prólogo y Randall Roque lo emplea en su poesía. Es una de las claves: están demoliendo nuestra conciencia y nuestra identidad con el bombardeo de unos valores impostados, falsos y bastardos, que conducen a un mundo compuesto por *zombis* de la recompensa inmediata. Y no hay nada más allá. Bueno, está la Coca Cola, "*que ha vivido más/ que cualquiera de nosotros*". A esto me refiero cuando afirmo que la poesía de Randall Roque es *boxística*. Versos como estos nos golpean directamente en el pecho, nos dejan sin respiración, sin capacidad de reacción.

HAGO LA HERIDA PARA SALVARTE discurre por el sendero de la patada lírica en el costado, del manotazo poético en la cara, de versos como dedos metidos en nuestros ojos. Leer este libro es dejarse dar una paliza en un callejón trasero; y encontramos cierto placer en eso de sentirnos molidos y arrojados sobre los cubos de basura. Randall Roque consigue la destrucción completa de nuestras voluntades con una poesía hiriente. Hiriente, en efecto, pero hiriente porque, simplemente, dice la verdad.

Sus poemas son una jauría de *"perros románticos"* que nos muerden los sentimientos hasta convertirlos en carne picada porque *"la vida es demasiado por sí misma/ como para que alguien más te lo recuerde"*. Y Randall Roque, ese aguafiestas lírico, nos lo recuerda a cada momento. Vivimos, tal y como se titula el segundo libro que compone el poemario, en el **Reino de los ciegos**, y eso ya es toda una afirmación de nuestras miserias, esas que van apareciendo en el poema del mismo título, uno de los más duros de todos los que aparecen en la obra.

En *Reino de los ciegos*, en ese poema, se produce un desfile de las desviaciones humanas, de esas aberraciones que también se cometen para obtener el placer inmediato que nos acerque a la felicidad. Como si cada perversión tuviera un apellido ilustre, tras ellas, aparecen escritores que, de una u otra forma, anegaron sus vidas de simulacros, de sucedáneos de felicidad: Henry Miller y Anaïs Nin, Sade o Baudelaire, Panero o Houellebecq, arrojados en brazos del sexo, del alcohol, de la locura como cortina de humo, o de cualquier otra mercancía volátil y explosiva que hizo que sus vidas, por un momento, valieran la pena. O que al menos, gracias a esos vicios pudieran superar que *"los corazones nacen con la larva del odio/ y se pudren con el conocimiento vacío de amor"*.

El amor, el sexo, el alcohol, las drogas, cualquier elemento susceptible de proporcionarnos un rápido placer sustitutivo de la felicidad acaba tirado por tierra, arrastrado por el barro de la desesperanza en la poesía de Randall

Roque. Es la única forma, casi sádica, de asomarse al fondo del abismo y entender los motivos por los cuales no existe ningún tipo de felicidad. Como nos advierte en el poema *Hindenburg*: *"No sé entonces por qué desespero,/ si todo lo que podía perder,/ lo he perdido/ y después de tanto dolor,/ lo que quede de mí,/ será ganancia"*.

No se trata de una poética de la desesperación o de la miseria, en absoluto, se trata de una poética de la realidad, que se nutre de escarbar en el agujero de la vida para encontrar, entre el barro y el lodo, las razones verdaderas de la infelicidad.

Los elementos pop que aparecen en *Contracultura*, la siguiente parte del libro, son esas perlas de placebo que nos aproximan a los sucedáneos de todo aquello que hemos elegido reemplazar en lugar de disfrutar de lo real: la actriz porno Sasha Grey, el cubo de Rubik, el bar Hooters, el Jack Daniel's. La pornografía por el sexo real, la inteligencia por el cuadrado plástico del producto de mercado impuesto por las grandes empresas (esas que ya se ocupan de pensar por nosotros), los bares de cadenas franquiciadas repetidos hasta la saciedad de forma impersonal y que representan nuestro ocio vacío y aburrido, reiterativo, y el alcohol, el whisky, o cualquier otra bebida, elegida como engendro publicitario para personalidades moldeables.

¿Cómo nos sentimos inmersos en esta oferta de vida que nos propone la sociedad de los Calibanes? Nos sentimos igual que el poeta autor de estos versos: somos un ejército de *Hibakusha*, es decir, de hombres bombardeados, masacrados y sacrificados. Es este un poema enorme, un acierto lírico sin parangón en el montaje poético de Randall Roque: *Hibakusha* resume el espíritu humano del libro: el poeta escribe como un ser bombardeado cuya carne se licúa por la radiación. Y lo hace para unos lectores que también son *Hibakusha*, que también se derriten en el vórtice de la desesperación.

Después de que Randall Roque nos asemeje a

los vaporizados en Hiroshima ya nos encontramos completamente sometidos a su poesía. La vida es un hocicar entre la escombrera de nuestras propias miserias y el pequeño colofón titulado **Soundtrack** así viene a demostrarlo: somos heridas por cauterizar, llagas sangrantes de tristeza, poemas que leer y albergar en la zona más oscura del corazón.

"*Es hora de tomar las riendas del fuego*", nos propone el poeta en la pieza *Perdidos por vivir*; así es, es hora de oponer toda esta poesía para que actúe como un Ariel centroamericano, lanzada como una vacuna desde la misma cintura del mundo, y que así pueda batallar contra los Calibanes del sistema impuesto, del pensamiento único, del materialismo y de la felicidad obligatoria.

Podemos empezar la lucha leyendo las propuestas poéticas de Randall Roque, revólver de seis balas como seis *Arieles* depositado sobre la barra de nuestro bar, justo al lado, mientras bebemos el vodka o el tequila de su poesía. Lo amartillamos, apuntamos a Calibán y lo derrotamos con la oscura luminosidad de este sol negro que es la ronca voz del imaginario cegador del poeta costarricense.

©Dr. José Carlos Rodrigo Breto
Torrelodones, Madrid, octubre de 2018.

Prologue

Randall Roque: An Ariel Poet in the Land of Calibans

In the dedication that appears at the beginning of this book, we see one of the main and implacable pillars of Randall Roque's imaginary: that happiness does not exist. Even more, happiness is a commercial trick, a pastiche product of the consumer society in which we move, a product for sale.

In 1900, that is, when the past century was only appearing on the horizon, Uruguayan writer José Enrique Rodó published his essay *Ariel*. In that work, Rodó sought to warn Latin Americans about cultural colonialism via a transposition of the characters of Shakespeare's *The Tempest*.

There are three key characters in this Shakespeare play: Ariel, Prospero and Caliban. Prospero represents wisdom, Ariel signifies the spirit and Caliban embodies the material. It wasn't hard to connect them to the transition between the XIX and XX centuries and Latin America's identity issues at the moment.

Utilitarianism and materialism were corrupting spiritual values throughout a continent alienated by the penetration of a certain enemy: the United States of America. That country's politics, but especially its culture—a culture of success dominated by immediate and simple gratification, an empire of hedonism above all, a dictatorship of happiness placebos that take us away from the search for original happiness—opressed (and still does) people's behaviors.

Today, all values have been absorbed by this culture of success, of quick and material success, and the consumerism associated, erroneously, to happiness. It's a happiness that according to this Costa Rican poet has never existed, as I have stated earlier. Happiness is a tale, a chimera, a utopia whose only purpose is to dull our brains and to make a few (the owners of the system) rich.

We are not in the time of Rodó's *Ariel*, obviously, and such consumerist wickedness that corrupts the spirit and destroys cultural identities no longer only comes from American imperialism. Not at all. Now, a global uniformity is sought where Caliban is a giant, shapeless Caliban who wants to impose a single way of thinking, a sheepish behavior and a shaping of the masses using the same pattern.

Randall Roque, acting like a type of XXI century Rodó, opens this poetry collection (which has obvious echoes of Bukowski, starting already with the title, *I MAKE THE WOUND TO SAVE YOU*) with a first batch of poems under the title *Americanfamily*. This is not a coincidence. The poet identifies the place, the core where Caliban's empire reproduces itself in the most flagrant fashion.

In this manner, the positive elements of that alleged happiness that doesn't exist are rendered useless, impossible, absurd, untenable. Love "is a scream in the void, a flock in a burning forest." From the onset, this "Americanfamily" reveals another characteristic of Randall Roque's poetry, which I have referred to in the past: what I call pugilistic poetry. His poems throw jabs, uppercuts and hooks to the chin to leave us in a state of knockout, defenseless, completely subjected to his verses. There's evidence of this at the end of the first poem: "Love belongs to the one that suffers most." Not even a hint of happiness.

Randall Roque's poetic work is a compilation of unsettling images that, restless, point directly at the crux of our feelings and experiences. "Housekeeper" begins with a good example of this: "There are women whose hands are keys / that try all the doors." Here we witness the demolition of all values that, supposedly, make up the ideal happiness that the system imposes on us.

The poet's social imaginary is only populated by suffering, discomfort, deep hopelessness and pessimism as ways to rebel against Caliban's only social reasoning. This separates Roque from Bukowski who, despite being an important reference for the Costa Rican poet, does not agree with this profound, negative vision of existence.

If Bukowski, in his poetry, sings the pleasures that sex, women, alcohol, anarchy and independence can provide, painting even the most hopeless existence in positive colors, in *Americanfamily* (and the other books included in this volume, particularly the exceptional *Counterculture*), the poet offers a reality that sinks in false substitutes of happiness and blows up any possibility of escaping.

These elements of dehumanization and loss of identity are included in the poem "Americanfamily," which is the nucleus of this first part of the collection: the television set and its multiple offerings of empty and idiot channels that bring us near that world that is "a demolition machine." Again that word: *demolition*. I have used it in this prologue and Randall Roque employs it in his poetry. It's one of the keys: they are demolishing our conscience and our identity by bombarding us with imposed, false, bastard values, which lead to a world made up by the zombies of instant gratification. And there's nothing beyond that. Well, there's Coca-Cola, "which has lived longer / than any of us." This is what I mean when I say that Randall Roque's poetry is pugilistic. Verses such as these hit us straight on the chest, leave us breathless, without the capacity for reaction.

I MAKE THE WOUND TO SAVE YOU travels down the path of a metaphorical kick in the side, a poetic slap on the face, with verses like fingers poking our eyes. Reading this book is like allowing ourselves to take a beating in a back alley; and we find certain pleasure in having been thrashed and dumped in the garbage bins. Randall Roque accomplishes the total destruction of our wills with a wounding poetry. Wounding, literally, but also wounding because it states the truth.

His poems are a pack of "romantic dogs" that bite our feelings until they become ground flesh because "Life is already too much on its own / for someone else to remind you." And Randall Roque, that lyric party pooper, reminds us at every turn. We live, as the title of the second book, in *The Kingdom of the Blind*, and that's an affirmation of our miseries, like those listed in the book's title poem—one of the most brutal of the entire collection.

In the poem "The Kingdom of the Blind" there's a parade of human deviance, of those aberrations that take place in order to obtain instant pleasure that might get us close to happiness. As if every perversion had an illustrious surname behind it, we see the names of the writers who, in one way or another, drenched their lives in simulacra, in substitutes of joy: Henry Miller and Anaïs Nin, Sade or Baudelaire, Panero or Houellebecq thrown in the arms of sex, alcohol, madness as smokescreens—or any other volatile and explosive merchandise that made their lives worthwhile, if even for a moment. Vices through which they could withstand the fact that "Hearts are born carrying the larvae of hatred / and rot with the empty knowledge of love."

Love, sex, alcohol, drugs, any substance able to give us a quick pleasure that mimics happiness ends up tossed on the ground, carried away by the mud of hopelessness in the poetry of Randall Roque. This is the only way, almost sadistic, of reaching into the abyss and understanding the reasons why there's no happiness at all. As the poet warns us in "Hindenburg": "I don't know then why I despair, / if everything I could lose / I have already lost / and after so much pain, / what's left of me / will be profit."

This is not a poetics of desperation or misery, but a poetics of reality that feeds from digging in the hole of life to find, amid the mud, the true reasons of unhappiness.

The Pop Culture elements that appear in *Counterculture*,

the next part of the book, are those placebo pearls that take us near the substitutes of everything we have chosen to replace instead of enjoying what's real: porn star Sasha grey, a Rubik's cube, Hooters, Jack Daniel's. Real sex replaced by pornography; intelligence replaced by the plastic square of market products imposed by large corporations (those who now think for us); chain bars that impersonally repeat themselves to infinity and which represent our boring and empty idleness; and alcohol, whiskey, any other drink chosen by malleable personalities born out of advertising.

How do we feel immersed in this type of life that Caliban's society offers us? We feel the same as the author of these verses: we are an army of *Hibakusha*, that is, of bombarded men, massacred and sacrificed. This is a great poem, a lyric achievement in Randall Roque's poetic montage: "Hibakusha" sums up the book's human spirit: the poet writes as a bombarded being whose flesh disintegrates due to radiation. And he does it for readers who are also *Hibakusha*, who are also melting in the vortex of desperation.

After Randall Roque compares us to Hiroshima's victims, we are completely overtaken by his poetry. Life is like sniffing among the rubble of our own misery, and the small climax titled *Soundtrack* is here to demonstrate it: we are wounds that need to scar over, bleeding ulcers of sadness, poems for keeping and reading in the darkest corner of the heart.

"It's time to take the fire's reins," the poet proposes in the poem "Lost for Living." That is, this is the time to lift this poetry so it can act as a Central American Ariel, deployed like a vaccine from the very waist of the world so that it can battle against all the Calibans of imposed systems, limited thought, materialism and forced happiness.

We can usher in this war by reading Randall Roque's unique battle hymn, a six-shot revolver that is like six Ariels sitting next to us at the bar, as we drink the vodka or tequila or his poetry. We cock it, aim at a Caliban and defeat it with the luminous darkness of this black sun that is the hoarse voice of the Costa Rican poet's blinding imaginary.

©Dr. José Carlos Rodrigo Breto
Torrelodones, Madrid, October 2018.

Hago la herida para salvarte, la distopía de Randall Roque

HAGO LA HERIDA PARA SALVARTE, el nuevo poemario de Randall Roque es una edición bilingüe (inglés/español). La traducción de los poemas fue realizada por Mauricio Espinoza, traductor y escritor costarricense, quien es profesor de literatura y estudios culturales latinoamericanos en la Universidad de Cincinnati. El libro está dividido en cinco partes: "Familiamericana", "Desplazados y adictos", "Reino de los ciegos", "Contracultura" y "Soundtrack". El hilo conductor de estos poemas es el desencanto: ni la familia, la política o la religión se contemplan como refugios, esta es una poesía oscura que busca provocar al lector, le muestra escenas que suelen esconderse, dada su naturaleza distópica.

El hablante decide gritar a los cuatro vientos realidades que la mayoría prefiere ignorar, en el poema "Matar el pavo" puede leerse, por ejemplo: "Sacerdotes pedófilos con dinero/para que drogadictos se las mamen".

Los versos no buscan conciliar, ni ser políticamente correctos, por el contrario parece que quieren sacudir al lector, llevarlo al barro y que abandone su cómodo sofá. Estos poemas muestran un mundo *underground* que pocos se atreven a transitar, pero que parece nutrir a este hablante lírico.

El amor podría ser una esperanza, pero más que eso una ilusión, es decir, el amor podría estar como una flor de loto (debajo de todo lo podrido) pero el poeta ya no lo espera, ni tampoco sus musas, mujeres que van rotas y con una especie de furia que las obliga a transitar, no hay permanencia, el sexo es una mercancía o un encuentro fortuito, fruto de la atracción o de la desesperación, pero que no busca el apego o la estabilidad, sino que, al contrario se retira furioso, mordiente, en el poema "Ovillo" se leen estos versos: "Cogimos./Tomamos./Bebimos./Fue todo."

En este universo lírico el tipo de relación predominante es casual, el sexo es un desencuentro, lejos de producir intimidad o cercanía, es el umbral de la despedida, una pulsión o efecto colateral del consumo de alcohol. El hablante parece buscar sin ganas a esa chica que acaba de partir, que deja el paraguas como evidencia de su existencia, pero él, a diferencia de "El príncipe encantador" no corre en su búsqueda, sino que se resigna o conforma con pensar que existe, como puede leerse en el poema "Hombre que mira con un vaso de whisky".

Esta es una poesía desencantada, a veces, toma un tono más bien apocalíptico, como en el poema "Teas de hierro amarillo": "Perros deformes, vacas de diésel/sobre el asfalto y aquella nube/escupió pájaros de ceniza blanca./ También los animales parieron/hijos monstruosos, carnes incomibles."

El hablante parece conocer una oscura profecía que nos condena, que nos llevará a la degradación, a la sequía y el arrepentimiento.

El poema "Reino de ciegos" sentencia: "Pierdan la fe. /Este era el Reino de los Cielos/ y nosotros lo hicimos perverso, /a nuestra imagen y semejanza./ Muramos en paz."

En estos versos impera el desencuentro, la incapacidad para amar, corazones maltrechos que no intentan amar, sino exhibir sus cicatrices, por ejemplo, el poema "Déjame morir sobre la playa": "No es necesario asombrarse,/amores perdidos como el nuestro/ya se han visto naufragar de peor manera."

Lo que ocurre dentro, también resuena en el entorno: "Hoy sobre esa playa blanca/una enorme ballena rodeada de turistas/daba sus últimas bocanadas."

La naturaleza es también víctima de la hostilidad con que se cincela este universo lírico, la brutalidad, los excesos, las relaciones patológicas, las adicciones, los expedientes ocultos, los secretos de familia, este parece ser el negativo de una postal donde la familia posa junto al árbol de Navidad con una amplia sonrisa.

Hay desencanto, dolor, pero no amargura, una suerte de estoicismo reviste al hablante quien asume con toda dignidad sus fracasos amorosos, el fracaso del proyecto humanidad, donde no hay asideros o no queda títere con cabeza, el autor parece llevar el cuerpo tatuado por sus cicatrices y exhibirlas con orgullo, casi como una justificación, el poema relicario rojo, por ejemplo, menciona: "El corazón en estos casos/es un relicario de sobrevivencias/ que solo se abre ante el espejo/de otro corazón rasgado."

Un poemario que transita múltiples escenarios, que encara todo tipo de realidades y problemáticas, un paseo por esa parte oscura que nunca es agradable, un trago amargo, pero necesario para desenmascarar la idealización de nuestra especie y aceptar, tal vez, con un poco de vergüenza, que el alejarnos conceptualmente de otros animales y asumir una superioridad moral y racional, fue tal vez una decisión precipitada. La humanidad, de pronto ha fracasado, pero tal vez, si lo aceptamos podamos corregirnos.

Selene Fallas
(Montgomery, Alabama, USA, 2018)

I Make the Wound to Save You: Randall Roque's Dystopia

I MAKE THE WOUND TO SAVE YOU, Randall Roque's latest poetry collection, is a bilingual edition (Spanish/English). The translation was done by Mauricio Espinoza, Costa Rican writer and translator, who is a professor of Latin American literature and cultural studies at the University of Cincinnati. The book is divided into five parts: "Americanfamily," "Displaced and Addicted", "The Kingdom of the Blind," Counterculture," and "Soundtrack." The thread that ties these poems is disenchantment: not the family, nor politics, nor religion are possible havens. This is dark poetry that seeks to provoke the reader, showing him scenes that hide themselves due to their dystopian nature.

The poetic voice chooses to scream, for all to hear, realities that most people prefer to ignore. In the poem "Kill the Turkey," for example, one reads about "Pedophile priests with money / so drug addicts would blow them."

Roque's verses do not seek conciliation, nor to be politically correct; on the contrary, they appear to want to shake the reader, throw him in the mud so he must forsake his comfortable sofa. These poems show an underground world that few dare travel by, but which appears to nourish this poetic voice.

Love could be a type of hope, but it's more like an illusion; that is, love could remain like a lotus flower (underneath everything that's rotten) but the poet does not expect it anymore and neither do his muses: women that exist broken and with a sort of rage that forces them to move on, without permanence. Sex is merchandise or a fortuitous encounter, the result of attraction or desperation, never seeking attachment or stability. On the contrary, the poetic voice leaves furious, bitter; in the poem "Spool," we read these verses: "We fucked. / We drank. / We swallowed. / That was all."

In this lyric universe, the type of dominant relationship is casual, sex is a dis-encounter uncapable of generating intimacy or closeness, is the threshold of farewells, an impulse or the collateral effect of alcohol. The poetic voice appears to unwillingly look for that girl who has just taken off, who left an umbrella as evidence of her existence. But he, unlike Prince Charming, does not run after her, but resigns himself with the simple fact she exists, as we read in the poem "Man Who Stares Holding a Glass of Whiskey."

This is a poetry of disenchantment; sometimes, it takes on a rather apocalyptic tone, as in the poem "Yellow Iron Torches": Deformed dogs, diesel cows / on the asphalt, and that cloud / spewed white ash birds. / The animals birthed / monstrous young, inedible meat."

The poetic voice seems to know a dark prophecy that condemns us all, that will lead us to deterioration, to drought and regret.

The poem "The Kingdom of the Blind" declares: "Lose all faith. / This used to be the Kingdom of Heaven / and we made it perverse, / in our image according to our likeness. / Let us die in peace."

These verses are filled with dislocation, inability to love, battered hearts that do not try to love but rather show their scars, as in the poem "Let Me Die on the Beach": "It's not necessary to be amazed, / lost loves like ours / have shipwrecked before and in worse fashion."

What goes on inside also echoes in the surroundings: "Today on that white beach / a giant whale surrounded by tourists / gave up its last breaths."

Nature is also victim of the hostility with which this lyric universe is carved. Brutality, excess, pathological relationships, addiction, hidden files, family secrets make up the negative of a postcard where a family poses next to the Christmas tree with broad smiles.

There's disenchantment, pain, but no bitterness; a sort of stoicism envelopes the poetic voice, which accepts with dignity all his failures at love, the failure of humanity, where there's nothing left to hold on to and everything is upside down. The author appears to have his body tattooed in scars and displays them with pride, as if they justified him. The poem "Red Reliquary" tells us: "In cases like these, the heart / is a reliquary of survivals / that only opens in front of the mirror / of another torn heart."

This a poetry collection that traverse multiple scenarios, that faces all types of realities and problems, a journey through that dark side that is never pleasant; a bitter but necessary cup to unmask our species' idealization and accept, with a bit of shame, that moving away conceptually from other animals and assuming a moral and rational superiority was perhaps a rushed decision. Humanity has for now failed, but if we own up to it, we could maybe correct our course.

Selene Fallas
(Montgomery, Alabama, USA, 2018)

Familiamericana

Americanfamily

Lo que no era, lo que no fui

Le molestaba que no fuera celoso,
era como si me faltara un brazo,
un ojo, una pierna. Algo para saber
que el amor es un grito en el vacío,
una bandada en un bosque en llamas.

Odiaba, sobre todo,
que me diera lo mismo
si la miraban o no, que pasara
semanas enteras sin preocuparme.

No había un motivo.
Confiaba.

«Los celos son un rezago
de nuestra bestialidad» -dije-
y ella me llamaba: «idiota»,
fruncía el seño,
y daba la espalda con ese trasero
redondo como alfajor, hermoso.

Muchos años estuvimos juntos
e intentó hasta lo más ridículo.
No era un tipo celoso.
Seguro debía revisarme
porque algo andaba mal conmigo.

Se consiguió un novio celoso
y me besó una tarde que nos reencontramos.
Entonces sentí un brazo que cruzó
la ventana del carro y una mano
presionaba sobre mi cuello.
Era su novio troglodita

What I wasn't, what I never was

It bothered her that I wasn't jealous,
it was as though I were missing an arm,
an eye, a leg. Something to know
that love is a scream in the void,
a flock in a burning forest.

She hated, above all,
that I didn't care
whether they stared at her, that weeks
went by without me worrying.

There wasn't a reason.
I trusted her.

"Jealousy is a leftover
of our bestial nature" —I would say—
and she would call me "idiot,"
furrow her brow,
turn her backside to me,
round like an alfajor, beautiful.

Many years we spent together
and she tried even the most ridiculous things.
I was not the jealous type.
Surely I should have a checkup
because something was wrong with me.

She found herself a jealous boyfriend
and kissed me one afternoon when we met again.
Suddenly I felt an arm that reached
through the car window and a hand
was pressing on my neck.
It was her troglodyte boyfriend

y ella gritaba como loca.
Le agarré el brazo
y subí la ventana del carro.
«¿Te gusta correr?»
Aceleré muy despacio
mientras intentaba soltarse.
«Veo que sos fuerte», le dije
y aceleré cada vez más.
Así lo anduve un kilómetro
hasta que me cansé y subí
a 40 km/h, 45 km/h y el tipo ya no daba,
lo hice correr más y más rápido,
luego abrí la ventana
y lo vi rodar desde el espejo.

Puse la reversa. Ella lloraba.
«Te va a matar», decía una vez tras otra.

Estaba tirado sobre el polvo. Lleno de babas.
Le di dos patadas en su costado.

«¡¿Te gusta correr?!»
Lo golpee de nuevo.

Subí al carro.

Ese bastardo la había golpeado
unas noches atrás.
Sus ojos ahora brillaban. Pero nunca fui celoso.
Sabía que se acostaba casi con cualquiera
y me daba lo mismo. Sólo no me agradaba
que pusieran sus manos sucias sobre mí.
Tampoco verla con golpes de nadie.

Esa noche regresé a su casa.

and she screamed like a madwoman.
I grabbed his arm
and raised the car window.
"Do you like speeding?"
I accelerated slowly
as he tried to get away.
"I see you're strong," I told him,
and sped even more.
I went like this for one kilometer
until I got tired and sped
to 40 km/h, 45 km/h and the guy couldn't keep up,
made him run even longer and faster,
then I opened the window
and saw him roll over in the mirror.

I put the car in reverse. She sobbed.
"He will kill you," she said again and again.

He was lying in the dust. Full of slobber.
Kicked him twice in his side.

"Do you like speeding?"
Kicked him again.

I got back in the car.

That bastard had hit her
a few nights before.
Her eyes sparkled. But I was never jealous.
I knew she slept with almost anyone
and I couldn't care less. But I didn't like
them putting their dirty hands on me.
Or to see her with bruises.

That night I returned to her house.

Hago la herida para salvarte / I Make the Wound to Save You

Cogimos como nunca.
Tampoco me quedé.
No era su tipo.

Hoy aparece esa mujer
que me recuerda ese amor sincero.
Siento rabia porque se va a coger con otro.
Le gusta fastidiarme contándolo.

¡Qué tiempos aquellos
en los que uno podía ser un demente
y destruir el mundo sin remordimiento!
Estoy solo, con un vaso de vodka
y pienso que debí amar a esa mujer,
al menos no era yo el que sufría.

El amor es de quien sufre más.
Puede que digan lo contrario.
No saben de lo que hablan.

Ahora lo entiendo.

We fucked like never before.
But I didn't stay.
I was not her type.

The woman who reminds me
of that honest love shows up today.
I'm enraged because she will fuck another.
She likes to annoy me by saying it.

Wonderful times were those
when one could be a madman
and destroy the world without remorse!
I'm alone, with a shot of vodka
and think I should have loved that woman,
at least it wasn't me that suffered.

Love belongs to the one that suffers most.
Some may say the opposite.
They don't know what they're talking about.

Now I understand.

Ama de llaves

Hay mujeres con manos de llaves
que prueban en todas las puertas.

Prueban en una,
prueban en otra,
hasta que alguna abre.

Entonces
toman la punta del hilo rojo
resguardado de manos menos delicadas.

Y desovillan,
y desovillan
y desovillan.

Esa mujer tenía un manojo de llaves;
las mostró orgullosa como un juego.
No quería ninguna puerta,
sólo poseer las llaves de cada una.

Y los ovillos de hilo.

De todas las puntas se hizo un abrigo grueso.
Rojo, como una gota de agua en el infierno.
Todos la mirábamos subirse a los buses,
leer en las plazoletas, en los bares,
y, esa mujer, era fantástica.

Sé, era imposible o improbable
desde un comienzo. Sin embargo.
Esa noche del bar, tomé la punta
del hilo de su abrigo carmesí,
lo encerré en mi puerta sin candados,

Housekeeper

There are women whose hands are keys
that try all the doors.

They try one,
try another,
until one opens.

Then
they take the end of the red thread
they keep from less delicate hands.

And they unravel,
unravel,
unravel.

That woman had a handful of keys;
she showed them proudly, as in a game.
She didn't want any doors,
only to possess the keys to all of them.

And the spools of thread.

She made a thick coat from all the ends.
Red, like a drop of water in hell.
We all saw her as she got on the buses,
read in the plazas, in the bars,
and, that woman, she was fantastic.

I know, it was impossible or improbable
from the beginning. However.
That night at the bar, I took the end
of the thread of her crimson coat,
trapped it inside my lockless door,

y empecé a tejer un ovillo dentro
que se mueve, palpita,
algo extraordinario.

Ya se verá desnuda y frágil,
como una hoja abatida por el viento,
entrará a mi casa, sin llaves.

Y no harán falta.

and I began to sew a spool inside
that moves, throbs,
something extraordinary.

She will see herself naked and fragile,
like a leaf blown down by the wind,
and will enter my house, without keys.

She will not need them.

Matar el pavo

Hagamos el fuego: Tiramos
bombillos plásticos del guaro,
periódicos, revistas porno ajadas,
y el fuego se hizo. Sin pavo.
Sin luces. Con disparos
como fuegos artificiales.

A todos nos gustaría la carne fresca.
El vino. Estar entre familia. Un pavo
delicioso. Y una mujer o un hombre
y nunca nosotros, que cogíamos
para evitar el hielo. Las cobijas
rotas y sucias. Incendiaríamos
esta ciudad con toda su gente.
Y el culo de los pavos con salsa
chorrearía sobre la mesa.

Hemos visto demasiado
para una misma vida.

Sacerdotes pedófilos con dinero
para que drogadictos se las mamen.
También policías hincados, borrachos,
rodeados de jóvenes ladrones
buscando sexo en las tinieblas.
Putas cagando en la boca de pervertidos.

Ah, si sabremos nosotros
lo que significa la noche.

Iglesias llenas. Bares vacíos.

To kill the turkey

Let's make a fire: We tossed in
the plastic bottles of liquor,
newspapers, old porno magazines,
and there was fire. Without turkey.
Without lights. With shooting
like fireworks.

We would all like fresh meat.
Wine. Being with family. A delicious
turkey. And a woman or a man
but never us, who fucked
to avoid the ice. Torn and dirty
blankets. We would burn down
this city with all its people inside.
And the asses of turkeys in gravy
would drip all over the table.

We have seen too much
for a single lifetime.

Pedophile priests with money
so drug addicts would blow them.
Also policemen kneeling, drunk,
surrounded by young thieves,
looking for sex in the shadows.
Whores shitting in the mouths of perverts.

Ah, don't we know
what the night means!

Churches, full. Bars, empty.

Hago la herida para salvarte / I Make the Wound to Save You

Hagamos el fuego, dijiste,
no comprendías que esta ciudad
arde desde hace tiempo.

Let's make a fire, you said,
but you didn't understand this city
has been burning for a long time.

Rinoceronte blanco

¿Es que no te vas a levantar tampoco hoy?¿Vas a quedarte ahí como un rinoceronte blanco, echado, a la espera de una bala?

Respiré profundo, muy profundo, como un buzo dispuesto a perderse en la oscuridad de las heladas aguas. Saqué fuerza y me asomé sin camisa por la estrecha ventana del cuarto. A lo lejos, parpadeaba el sucio neón del Hotel de Paso Paradise. Desde ahí, se miraban carros viejos y lujosos; todos fornicamos en menor o mayor medida.
Abajo,
entre los departamentos del suburbio, un policía arremete contra indigentes que ensucian el parque del Alcalde con sus cobijas, periódicos en llamas y sus bombas de guaro contra el frío.

Y pensar que ya son escasos los periódicos,
las revistas Playboy, el contrabando del bueno.

Dentro de poco no tendrán nada para quemar,
excepto esta enorme y bulliciosa ciudad.

Me rasqué el trasero y fui en busca de otra cerveza en el refrigerador.

Nada ha cambiado allá afuera. Nada, aunque creo la lluvia es combustible para los indigentes y las putas con ligueros. Esta ciudad arderá en poco tiempo o la prenderé con mis propias manos.

Tiene razón.

Me quedaré aquí.

Por esa bala perdida.

White rhinoceros

Is it that you won't get up today, either? You're going to stay there like a white rhinoceros, lying, waiting for a bullet?

I breathed deeply, very deeply, like a diver willing to lose himself in the darkness of cold water. I mustered some strength and peeked shirtless through the room's narrow window. In the distance, the dirty neon of the Paradise Motel was blinking. From there, you could see old cars, luxurious cars; we all fornicate to a lesser or greater extent.
Below,
amid the suburban apartments, a police officer charges at the homeless who dirtied the Mayor's park with their blankets, burning newspapers and their bottles of liquor for fighting the cold.

And to think that newspapers,
Playboy magazines, good contraband are now scarce.

Soon they won't have anything left to burn,
except this enormous and loud city.

I scratched my ass and went looking for another beer in the fridge.

Nothing has changed out there. Nothing, although I think the rain is fuel for the homeless and the whores with garter belts. This city will soon burn or else I will light it with my own hands.

She is right.

I will stay here.

Waiting for that stray bullet.

Familiamericana

Luego, nos sentamos a mirar televisión. Algo del boxeo en ESPN y un poco más. No cae mal quedarse en silencio, pasando canales; un rato en uno, después el siguiente; en busca de nada.

Esto deben hacer todos.
Su sueño es un sofá grande.
Una televisión más grande.
Una conciencia pequeña.

Te diré algo que tal vez no te importe: He estado en casas con cabezas de osos, venados, todo animal curtido sobre una pared. He leído revistas viejas en El Erial, apiladas entre libros usados. Los vestidos se miran viejos, como sus carros y televisores. Siempre existieron tratamientos contra las arrugas, y ahora, se miran como lagartos.

El mundo
es
una
máquina
de demolición.

Los niños son como pequeñas bestias
que te arrancan la vida con una sonrisa.

¿Es cierto que nadie escapa; nadie sale ileso?

La Coca Cola ha vivido más que cualquiera de nosotros.
El mundo debería ser una gran cooperativa. Así el trabajo sería justo. Las empresas te regresarían algo por tus años perdidos.

Americanfamily

Then, we will sit down to watch television. Some boxing on ESPN and a little more. It's not a bad thing to remain silent, flipping channels; a little while on one, then the next; searching for nothing.

They must all do this.
Their dream is to have a big sofa.
A bigger television.
A small conscience.

I will tell you something you may not care about: I have been in houses with heads of bears, deer, all sorts of taxidermied animals hanging on the walls. I have read old magazines in El Erial, stacked among used books. The outfits look old, as do their cars and TV sets. There have always been treatments against wrinkles, and now, they look like alligators.

The world
is
a
demolition
machine.

The children are like small beasts
that pluck your life with a smile.

Is it true nobody escapes, nobody leaves unhurt?

Coca Cola has been alive longer than any of us. The world should be a large cooperative. Work would be fair that way. Businesses would give you something in return for your wasted years.

Ahora, estás dormida. Y llevo horas hablando conmigo. Mirándote, casi inocente. La televisión está llena de hormigas blancas y negras luchando feroces entre sí.

Tiene razón,
soy un idiota.
GRANDE.

Tampoco dejamos de ser una Familiamericana.

Es muy triste.

Now, you're asleep. And I've spent hours talking with you. Looking at you, almost innocent. The television is full of black and white ants, furiously fighting among them.

She's right,
I'm an idiot.
A BIG ONE.

Still we don't quit being an Americanfamily.

It's very sad.

Déjame morir sobre la playa

Es necesario saber, amiga mía, que los tiempos del amor son tan distintos para ambos. A tu corta edad, por ejemplo, los errores más grandes, son simples daños colaterales, un giro y cambio de timón. A la mía, es evitar el filo del témpano de hielo, el hundimiento previsto, las señales del faro lejano a las puertas de un desastre.

No lo esperaba;
aunque debí.

Cargo el corazón de un cachalote herido por todos los arpones de cazadores furtivos sobre el hielo. Todos tenían inscrita la palabra amor hasta que fui cauto y dejé de acercarme a las costas limpias con aguas cálidas.

Con la punta más afilada y nunca pudieron hundir a este viejo corazón curtido de cicatrices atadas por el fuego. Y ya ves, amiga mía, previne todo, menos los tiempos del amor tan evidentes.

No es necesario asombrarse, amores perdidos como el nuestro se han visto naufragar de peor manera.

Hoy sobre esa playa blanca una enorme ballena rodeada de turistas daba sus últimas bocanadas de aire. Miro ese corazón enorme a punto de ceder y es enevitable que piense en su último latido:

"Pobre amiga, también llegaste tarde,
has equivocado los tiempos del amor"

Tampoco hay que vestir la ilusión de rabia. Ya cargarás tu maleta con puntas de arpón, trozos de redes de arrastre y, entenderás de lo que hablo, como siempre; demasiado tarde.

Let me die on the beach

It's necessary to know, my friend, that the times of love are different for each of us. At your young age, for example, the biggest mistakes are simply collateral damage, a turn and a change of course. At my age, it's avoiding the edge of the iceberg, the foretold sinking, the signals of the distant lighthouse on the verge of a disaster.

I didn't anticipate it,
though I should have.

I carry the heart of a sperm whale injured by all the harpoons of furtive hunters on the ice. They all had the word love inscribed on them until I was careful and quit approaching the clean coasts with warm waters.

They had the sharpest tips but could never sink this old heart seasoned by fire-fastened scars. And you see, my friend, I foresaw it all, except the times of love so evident.

It's not necessary to be amazed, lost loves like ours have shipwrecked before and in worse fashion.

Today on that white beach a giant whale surrounded by tourists gave up its last breaths. I see that giant heart ready to yield and it's inevitable to think of its last beat:

"Poor friend, you also came late,
you have also mistaken the times of love"

No need to dress illusion with rage. You will carry your suitcase with harpoon tips, bits of trawl net, and you will understand, late as always, what I'm talking about.

Que los muerda el amor

Que los muerda el acantilado del amor antes de que sus ojos encerrados con la tarde sean faros para los barcos pedidos. Que se abalance sobre sí, con colmillos huecos y perfore la carne, la perfume con moscas, su caldo rojo se ensucie tras el beso y otros heridos extiendan su amor incontenible.

Entren a las tiendas, muerdan a dependientes, cajeros, transeúntes. Que se lance sobre sí un tigre rabioso de nubes grises y estalle de noche en una mancha negra que no penetre un dardo blanco. Conozco el aroma del amor, su virulento espasmo en las ideas. Un ruido paralizante. Impide alzar la voz, contrae el tórax, tus ojos son borregos diezmados ante el cuchillo y su beso es un camino de sangre espesa en los dormitorios con pisos de mármol. Que al irse perciban su ausencia como falta una pierna, un brazo, un ojo, una mano diestra amputada. Que su sombra, su sentido de que aún está no los abandone y busquen su caricia desesperados, dementes, enfermos.

El amor es un virus incontenible.

Padézcanlo.
Difúndanlo
con
el
beso.

Que el amor sea peor que un tigre y no lo vean venir entre su cielo glorioso, difuso, compartido, solo para que recuerden la herida cuando los traicione. Y mueran. Aún entre vivos hablantes. Mueran. De manera irremediable. Como mueren los dementes. Los que aman con la carne expuesta ante la voracidad de los perros. Mueran. Hasta que no olviden que se vive de la desgracia.

Love bites

Let love's cliff bite them before their eyes cloistered in dusk become lighthouses for lost ships. Let it hurl itself upon itself with hollow fangs and pierce the flesh, scent it with flies, its red broth filthy after the kiss as other wounded ones extend their uncontrollable love.

Go inside stores, bite the clerks, cashiers, passersby. Let a rabid tiger with gray clouds hurl itself upon itself and let the night explode in a black stain that no white dart can penetrate. I know love's perfume, its virulent spasm inside ideas. A paralyzing noise. It keeps you from speaking louder, contracts the thorax, your eyes are sheep decimated by the knife and its kiss is a thick blood road through marble-floor bedrooms. Let them feel its absence when it's gone like one misses a leg, an arm, an eye, an amputated right hand. Let not its shadow, its sense of still being there abandon them. Let them seek its touch: desperate, demented, sick.

Love is an uncontrollable virus.

Suffer it.
Spread it
with
a
kiss.

Let love be worse than a tiger, let them not see it coming in the midst of their glorious, diffuse, shared sky, so that they can remember its wound when it betrays them. And die. Even among the living who still speak. Die. In an irreversible fashion. As mad people die. As those who love with their flesh exposed in front of voracious dogs. Die. So they don't forget we all live off tragedy.

Los cerezos de Neruda

Al alcance de la mano, la cerveza
y un libro de Neruda: "Quiero hacer contigo
lo que la primavera hace con los cerezos"
siempre fue un perro romántico, pensé.

La cerveza estaba tibia. Tras la ventana,
un pájaro muerto abrazado
por el calor de los adoquines.

¡Cuánta belleza hay en la muerte!
Se mira dormido. Así nos vemos.
Un bulto de carne vacío de palabras.

Es hermoso el cerezo que cae
a causa de una excesiva primavera
y se pudre sobre la tierra picoteado
tras el deseo de los pájaros.

Eso pensaba, hasta que dije
que el tipo muerto sobre el río
se hincharía a reventar;
lloraste por tu padre y no pudimos
ver más esa película, sino perdernos
en la oscuridad de la pantalla
y el ruido de una moto en medio
de un silencio invasivo y peligroso.

Preferirán a Neruda; lo sé.

La vida es demasiado por sí misma
como para que alguien más te lo recuerde.

Neruda's cherry trees

At my fingertips, a beer
and a book by Neruda: "I want to do with you
what spring does with the cherry trees"
he was always a romantic dog, I thought.

The beer was warm. Beyond the window,
a dead bird embraced
by the heat of the cobblestone.

There's so much beauty in death!
It looks asleep. That's how we look.
A lump of flesh, empty of words.

It's beautiful, this cherry that falls
due to an excessive spring
and rots on the ground pecked
by the desire of birds.

That's what I was thinking, until I said
that the dead guy in the river
would swell until bursting;
you cried for your father and we couldn't
keep watching the movie, so we got
ourselves lost in the screen's darkness
and the sound of a motorcycle
amid an invasive and dangerous silence.

You will prefer Neruda; I know it.

Life is already too much on its own
for someone else to remind you.

Hombre que mira con un vaso de whisky

Será que a fuerza de buscarte, sos siempre el paso siguiente que nunca alcanzo, nunca es. Y, cuando sea, es improbable que pueda reconocerte, como una transparencia que al estar demasiado cercana solo permite ver el camino.

Un aroma, quizá.
Una premonición.
Una utopía.

Muevo con el índice el hielo del vaso. La barra del bar se agita con amantes que entran y salen, como si nada y todo. Enamorarse del amor es el vacío, la angustia de estar solos y buscantes. Un paso y otro. Una sombra que reaparece.

Algo de todo esto tiene su certeza: A tres sillas de mí, un paraguas gotea, olvidado. En eso también nos parecemos.

Man who stares holding a glass of whiskey

Because I try so hard to find you, you are always one step ahead, I can't reach you. And if I ever do, it's unlikely I will be able to recognize you, like a transparency that is so close you can only see the road.

A scent, perhaps.
A premonition.
A utopia.

I move the ice in my glass with my index finger. The bar shakes with lovers that come and go, as if nothing or everything mattered. Falling in love with love is the void, the anguish of being alone searching. One step, then another. A shadow that reappears.

There's some certainty in all of this: Three stools down from me, an umbrella drips, forgotten. We are alike that way, too.

Ovillo

Una noche llevé a una mujer del bar a ese cuartucho del apartamento, con un catre viejo y una radio Phillips con válvulas de caoba, y baquelita para decoración. Aún funcionaba para oír las noticias. Estaba demasiado triste, demasiado ebrio. Recuerdo eso; su nombre no. Tenía manos bonitas. Sacó un ovillo de lana de mi pecho, lleno de sangre y tripas mojadas en cerveza. Tejió lo más parecido a un músculo que bombea oxígeno a una relación deshecha y enferma como la nuestra. Lo besó y saqué esa tripa sucia que palpitaba en su pecho y la tiré al gato con asco.

Cogimos
Tomamos.
Bebimos.
Fue todo.

Luego ató un lado del hilo rojo alrededor de su dedo anular y lo cortó con los dientes a la vuelta de la esquina. Ese era el trato. Aunque nadie más lo apruebe o comprenda.

Spool

One night I brought a woman from the bar to my apartment's squalid bedroom, an old cot and a Philips Chapel radio with mahogany valves and Bakelite for decoration. It still worked for listening to the news. I was too sad, too drunk. I remember that, but not her name. She had pretty hands. She extracted a ball of wool from my chest, full of blood and guts drenched in beer. She knitted what almost resembled a muscle that pumps oxygen for a relationship like ours, sick and unraveling. She kissed it, and I took out that dirty bowel that was beating in her chest and threw it at the cat with disgust.

We fucked.
We drank.
We swallowed.
That was all.

Then she tied one end of the red thread around her ring finger and cut it with her teeth around the corner. That was the deal. Even if nobody else would approve or understand.

Teas de hierro amarillo

Una nube de fuego enorme elevada a lo más alto de la ceguera. Después, la niebla. Perros deformes, vacas de diésel sobre el asfalto y aquella nube escupió pájaros de ceniza blanca. También los animales parieron hijos monstruosos, carnes incomibles. El sueño americano no se divide: es uno para los Hibakusha.

Otros jóvenes nada recuerdan. Fotos a blanco y negro. Estilizadas figuras. Sombras. Luego la industrialización. El desarrollo armamentista. Un río de peces muertos. La peste del hombre sobre la naturaleza.

El rencor.

Algún día otros tendrán las armas. Pequeñas teas de hierro amarillo rondarán las calles Nueva York en hongos luminosos.

Eso es lo lamentable.

Yellow iron torches

A giant fire cloud elevated to the highest reaches of blindness. Then, the fog. Deformed dogs, diesel cows on the asphalt, and that cloud spewed white ash birds. The animals birthed monstrous young, inedible meat. The american dream cannot be split: It's only one for the Hibakusha.

Other youngsters remember nothing. Black and white photos. Stylized figures. Shadows. Then industrialization. The arms race. A river of dead fish. The plague of man over nature.

Bitterness.

One day others will have the weapons. Small yellow iron torches will wander the streets of New York City like luminous mushrooms.

That's regrettable.

Sólo llamé para avisarte

¿Para qué llamás?
¿No está haciendo cada quien su vida?
¿Y estás borracho? ¡Qué asco!

Lo siguiente fue el sonido de un bar,
al fondo gente riendo de manera estúpida.

Imaginé sus dientes perfectos, blancos,
sus caras empolvadas, su botox,
la vida provechosa de sus padres
a los que esperan sobrevivir y heredar.

Ya les estorbará su amor excesivo,
su manejo del saldo mesurado.
Los asesinarán para pagar sus deudas
conseguir mejor heroína, cristales puros,
anfetaminas multicolor.

Ah, sí, estoy borracho y lúcido,
como las bestias que aran
los campos de Kentucky
o los perros que saliban su espuma
con hembras lujuriosas y perversas.

Soy el ebrio perdido,
el grano en el ojo de un mundo pestilente,
el mendigo cagado hasta los tobillos,
la rata blanca del pan.

Estoy borracho y auténtico.
Con todas las arrugas de la risa.
Enamorado con demencial despojo.
Embrutecido. Enloquecido. Muerto

I only called to let you know

Why do you call?
Aren't we living our own separate lives?
And are you drunk? Gross!

Next was the sound of a bar,
people laughing stupidly in the back.

I imagined their perfect white teeth,
their powdered faces, their botox,
the profitable lives of their parents
whom they hope to survive and inherit from.

Their excessive love, their measured management
of the balance will eventually bother them.
They will murder them to pay their debts,
find better cocaine, pure crystals,
multicolor amphetamines.

And yes, I'm drunk and lucid,
like the beasts that plow
the fields of Kentucky
or the dogs that foam at the mouth
with lecherous, perverse females.

I'm inebriated, I'm the lost drunkard,
the boil in the eye of the pestilent world.
The beggar with shit up to his ankles.
The white rat in the bread.

I'm drunk and authentic.
I have all the wrinkles of laughter.
Enamored with demented dispossession.

y redimido por mis propias manos.
Echado a morir en las tinieblas
de un cuarto barato de hotel.

Estoy borracho, ah, sí, amor,
sí que lo estoy,
estúpidamente borracho.

Te aseguro es lo más sincero
que escucharás en estos días.

Stupefied. Maddened. Perished
and redeemed by my own hands.
Left to die in the darkness
of a cheap hotel room.

Yes, love,
I totally know I am
stupidly drunk.

I assure you: this is the most sincere
thing you will hear these days.

Desplazados y adictos

(Ediciones Juglar. España, 2020)

Displaced and addicted

(Ediciones Juglar. Spain, 2020)

Fat Boy

A punto de cambiar el semáforo
miré una Fat Boy, negro mate,
con una gran manivela cromada
como la cornamenta de un Watusi
bufando sobre las calles de Cincinnati.

Por un segundo
estuve sobre esa bestia negra
embebido con una botella de Jack
acariciando las estilizadas piernas
de una morena hermosa.

Claro está, los oficinistas
no estamos para tanto,
la muerte más cercana
es la jubilación.

Pero estuve ahí, aunque fuera
por los segundos que tarda
la vida roja de un semáforo.

Y ya sabés que no miento
cuando hablo de estas cosas.

Fat Boy

Just as the traffic light was about to change
I saw a Fat Boy, matte black,
with a big chrome handlebar
like Watusi antlers
snorting down the streets of Cincinnati.

For a second
I was on top of that black beast
drunk with a bottle of Jack
caressing the stylized legs
of a beautiful black woman.

Of course, office clerks
cannot afford such things,
our nearest death
is retirement.

But I was there, even if just
for the few seconds that
the red light takes to turn.

And you know I don't lie
when I say these things.

No te creo

¿Nunca has estado tan hecho mierda
que pensás que todo te sale mal?

Me vas a decir que nunca gritaste:

¡Qué hijueputa desgracia la mía!
justo cuando roncaba
como un oso sumido en alcohol.

No te han dicho
hasta de lo que te vas a morir
y tendido a tu madre como un espantapájaros
o te han gritado que te odian en serio
con ese amor furioso que arde como ninguno.

Nunca te dijeron: no valés nada
y escupieron tu sangre sobre el piso
o la viste con un cuchillo de cocina,
diciendo te amo.

Nunca terminaste amarrado
a una cama de hospital pidiendo verla
y vomitando espuma como un perro
lleno de pastillas para dormir.

No te creo.

¡Vaya que tenés suerte!

I don't believe you

Have you ever been so fucked up
you think everything's going wrong?

Are you going to tell me you never screamed:

Son-of-a-bitch misfortune of mine!
just as you snored
like a bear lost in alcohol.

They haven't told you
even what you're going to die of
and hung your mother out to dry like a scarecrow
or yelled at you that they hate you for real
with that furious love that burns like no other.

They have never told you: you're worth nothing
and spit your blood all over the floor
or you saw her with a kitchen knife
saying I love you.

You never ended up tied
to a hospital bed asking to see her
and vomiting froth like a dog
full of sleeping pills.

I don't believe you.

You must be so fortunate!

A más de cien

Ya estábamos por morir,
veníamos con el tiempo contado,
y nos sentíamos dioses
con la sonrisa
en pequeñas dosis de Tafil
y vino tinto en caja.

Lo más parecido a un ángel
eran las moscas
y
cómo volaban alrededor
de un dios.

Vi muchos dioses en el camino
expuestos
como
se
expone
la
carne
muerta.

Así que nos subimos al carro
y manejé cerca de cinco horas
a 160 km/h tocándote la entrepierna.

Pastillas,
vino,
una mosca
que no volaba fuera del carro
ni aún con la ventana abierta.

"Ese es tu ángel", me dije.

Over 100

We were about to die,
we came with our days numbered,
and we felt like gods
with a smile
in small doses of Tafil
and boxed red wine.

The closest things resembling an angel
were the flies
and
how they flew around
a god.

I saw many gods exposed
on the road
the way
dead
flesh
is
exposed.

And so we got in the car
and I drove around five hours
at 160 km/h touching you inside the legs.

Pills,
wine,
a fly
that wouldn't go outside the car
not even with the window open.

"That's your angel," I told myself.

Cuando un ángel verde
te atraviesa el costado
como lanza romana
a 160 km/h
debe ser
un muerto
el
que
te
habla.

When a green angel
pierces your side
like a Roman spear
at 160 km/h
it has got to be
a dead person
the one
that's
talking
to
you.

¿Real?

¿Aún pensás que las personas
brillantes triunfan en la vida?

¿De verdad estás convencido
de que la realidad importa?

He visto mentes prodigiosas
memorizar libros completos
con comas, tildes y puntos,
realizar interpretaciones
profundas de algoritmos,
sin llegar a nada en sus vidas,
vendiendo papas fritas en Mc Donald's,
acariciando las pelotas
a vendedores del sueño americano,
metiéndose el dedo por el culo
para sentir algo de afecto.

Ah, la realidad no existe,
la memorizás como un espejo
contra el agua.

La repetís hasta creer que es tuya,
única, irremplazable y te doblega
al punto de poder lamerte las bolas
sin asco ni vergüenza.

Personas caídas en cama,
sin ducharse por semanas,
olorosos a sobaco caliente y vaporoso,
con el pelo enredado y la misma
ropa por meses.

Real?

Do you still think brilliant
people triumph in life?

Are you really convinced
that reality matters?

I have seen prodigious minds
memorize entire books including
commas, accent marks and periods,
make deep
algorithmic interpretations
and arrive at nothing in their lives,
selling French fries at McDonald's,
caressing the balls
of those who sell the American dream,
sticking their finger in their assholes
just to feel a bit of affection.

Ah, reality does not exist,
you will only memorize it like a mirror
against water.

You repeat it until you believe it's yours,
unique, irreplaceable and vanquishes you
to the point of licking your boots
without disgust or shame.

People lying in bed
without showering for weeks,
stinking of hot and steamy armpit,
their hair matted and wearing
the same clothes for months.

Desperdiciada la náusea,
desperdiciados
por cumplir el anhelo
de la realidad asumida
por sus padres,
los vecinos,
lejos de la vida y su sentido,
aparentando no morir
pero muriéndose,
cada segundo,
cada minuto,
cada hora.

Sienten asco de sí, se repugnan,
reprochándose ser perdedores
en un mundo invisible.

Mentes brillantes que leyeron
El Quijote a los nueve años
y se masturbaban a los diez.

Nada les faltaba en su casa,
botaban la carne y no enjugaban
los frijoles rancios. Alejados de la
pobreza como un virus. Humillando
a otros por su aparente inteligencia.

Los he visto como nada,
superados por los idiotas,
los distraídos de paso lento
y constante.

Esa vida de sus pares complacientes,
rodeados de todo;
deprimidos
sin

The nausea, wasted.
Wasted
for fulfilling the longing
of a reality
assumed by their parents,
the neighbors,
far from life and its meaning,
pretending not to die
but dying,
every second,
every minute,
every hour.

They disgust themselves,
they loathe themselves,
they blame themselves for being losers
in an invisible world.

Brilliant minds that read
Don Quixote at nine
and masturbated at ten.

They lacked nothing at home,
they threw away meat and didn't rinse
the rancid beans. Secluded from
poverty like a virus. Humiliating
others because of their apparent intelligence.

I have seen them as nothing,
overcome by idiots,
the distracted ones who walk slowly
but steadily.

Such a life of their indulgent peers,
surrounded by everything;
depressed

nada
que
decir.

Pastillas,
consoladores,
terapeutas.

Manoseados en silencio.

Provista la cama,
la cena,
la universidad.

Basta cruzar de un país a otro
para ser un inmigrante y tu realidad
no existe.

Retorcida como cipreses
ante un fósforo de alcohol
Arrancate la carne con uñas y dientes,
ese dolor no es nada con el abandono.

Sujetate a la insatisfacción constante,
al sin sentido de lo real.
Suben a los buses,
trenes,
taxis.

Usan ropa cara
y siguen solos
entre la gente,
solos
entre desconocidos,
solos

with
nothing
to
say.

Pills,
dildos,
therapists.

Groped in silence.

Provided to them: bed,
dinner,
university.

All it takes is crossing into another country
to become an immigrant, and your reality
no longer exists.

Twisted like a cypress
before an alcohol match.
Tear off your flesh with fingernails and teeth,
that pain is nothing in the presence of abandonment.

Subjected to constant dissatisfaction,
to the nonsense of what's real.
They get in buses,
trains,
taxis.

They wear expensive clothes
and they are still alone
among people,
alone
among strangers,
alone

entre familiares,
solos
entre solos.

Inventan dioses,
religiones,
se masturban.

Nada
es
real.

Saltá al vacío.

No importa.

among relatives,
alone
among the lonely

They invent gods,
religions,
they masturbate.

Nothing
is
real.

Jump into the void.

It doesn't matter.

Hindenburg

Un amor que se retiene,
tarde o temprano estalla
como el Hindenburg
en la estación aeronaval de New Jersey

Todo cuanto se retiene es hidrógeno,
explota, se vuelve llama
y deja estructuras gigantes
como cachalotes negros derretidos,
para que todos sepan
que del amor nadie sobrevive

No sé entonces por qué desespero,
si todo lo que podía perder,
lo he perdido
y después de tanto dolor,
lo que quede de mí,
será ganancia.

Hindenburg

A love that is retained
sooner or later blows up
like the Hindenburg
at the naval air station of New Jersey

Everything that is retained is hydrogen,
explodes, becomes flame
and leaves giant structures
like melted black sperm whales,
so that everyone will know
that you don't survive love

I don't know then why I despair,
if everything I could lose
I have already lost
and after so much pain,
what's left of me
will be profit.

Pasaporte

Como han muerto sin gran difusión
unos miles más en Irak por atentados,
empiezan a sentirse seguros,
hasta que los muertos los visitan
y entonces la rabia es eurocéntrica,
llena de inmigrantes que incomodan
por pedir un poco
de esa vida que les quitaron.

Eso es lo que significa un pasaporte
lleno de sellos de salidas sin regreso,
en un país que nunca fue de nadie,
excepto los muros y alambradas.

Esos tienen nombre y apellido.

Passport

Since a few thousand more have died in Iraq
from terrorist attacks that didn't make the news,
they are starting to feel safe;
until the dead visit them
and rage turns Eurocentric,
full of immigrants that become a nuisance
because they ask for a bit
of the life that was taken from them.

That's the meaning of a passport
full of entry and exit stamps,
in a country that never belonged to anybody
except walls and barbwire.

Those have first and last names.

Relicario rojo

El corazón debe rasgarse para amar.

Así se explican sus cicatrices.

Cuando ama demasiado,
se rasga de mil maneras,
en distintas partes
o en la misma herida.

Una cicatriz que nace sobre otra
crea una coraza impenetrable.

Así se explica su dureza.

Entonces cuando alguien
tiene una afrenta de cicatrices
en lugar de corazón,
se vuelve irritable para el mundo,
alerta sus milicias, se defiende
a capa y espada del afecto,
no permite expresarse al amor.

El corazón en estos casos
es un relicario de sobrevivencias
que solo se abre ante el espejo
de otro corazón rasgado.

Red reliquary

The heart must be torn to love.

That's how you explain its scars.

When it loves too much,
it rips in a thousand ways,
in different parts,
or in the same wound.

A scar born upon another
creates an impenetrable heart.

That's how you explain its hardness.

And when someone
has an affront of scars
instead of a heart,
it turns irritable to the world,
puts its militias on alert, defends
itself tooth and nail from affection,
doesn't allow any expression of love.

In cases like these, the heart
is a reliquary of survivals
that only opens in front of the mirror
of another torn heart.

Elegí el día de tu muerte

Elegí el día de tu muerte,
un día cualquiera.

Abrite al fuego como el agua salina
que desprende el corazón malherido,
desnudate como un pez de arena
expulsando breves gestos de sangre.

Quizá no sea el mejor ni el único,
pero es un modo de morirse
con algo de respeto.

Igual podés sujetar los extremos del aire,
el acordeón pausado de la lluvia.

Da lo mismo si cambiás al mundo,
morirás con la utopía más fresca,
por sabio o por cabrón,
ninguno reparará en ello.

Eso sí te digo:
Debés considerarte
un tipo con suerte.

No todos pueden decir:
Aquí me quedo.

Los he visto bajar de los trenes
repletos de cosas inútiles,
lo mismo que de carros costosos
con una cara de no me aguanto.

Otros no pueden elegir,

I chose the day of your death

I chose the day of your death,
a day like any other.

Open yourself to the fire like salt water
that surrenders its badly wounded heart,
bare yourself like a sand fish
that spews brief gestures of blood.

It may not be the best or the only,
but it's one way of dying
with a bit of respect.

Or you can grab the edges of air,
the slow accordion of the rain.

It makes no difference if you change the world,
you will die in the freshest utopia,
a sage or a fucker,
no one will notice.

But I tell you:
You should consider yourself
a lucky guy.

Not everyone can say:
Here I remain.

I have seen them get off the trains
burdened by useless things,
step out of their expensive cars
with a face of I can't stand myself.

Others cannot choose,

considérate afortunado.
Pagan el trabajo con la vida
y deben hasta la muerte.

consider yourself fortunate.
They pay for their lives with work
and even owe their death.

Reino de los ciegos

The kingdom of the blind

La calle de los peces

Tenía el cuerpo lleno de peces,
por eso la humedad de su lengua

      ERA ROJA

Al amarla solo ella ardía
como un géiser del Tatio
en los montes andinos de Chile.

Eso lleva a la locura a cualquiera.

Las calles están llenas de locos
que saltan de una noche a otra
de los apartamentos con ratas
y sus dientes filosos como sonrisas.

Tienen la boca repleta de peces
y anfetaminas
y anfetaminas
y anfetaminas.

Yo mismo tuve el corazón
lleno de peces beta
que no podían
estar más de 45 minutos
uno al lado del otro
sin atacarse.

Este mundo es una locura.

Todos encierran un pez rojo
entre corales muy blancos.

Fish street

Her body was full of fish,
that's why the wetness of her tongue

    WAS RED

When I loved her only she burned,
like a Tatio geyser
from the Andean mountains of Chile.

That would drive anyone to madness.

The streets are full of crazy people
who jump from one night to the next
from apartments with rats
and their teeth sharp as smiles.

Their mouths are full of fish
and amphetamines
and amphetamines
and amphetamines.

Even I had my heart
full of betta fish
that couldn't
stay more than 45 minutes
next to each other
without attacking.

This world is madness.

Everyone hides a red fish
among very white corals.

Betas enormes que apenas
se toleran unos minutos
y luego se atacan.

Esa mujer estaba vacía
como una pecera gigante
en Macy's de Nueva York.
Se sumergía en la cama
para llenarse de peces.

Enormous bettas that barely
tolerate each other for a few minutes
before attacking.

That woman was as empty
as a giant aquarium
at Macy's in New York City.
She would dive inside the bed
to be filled with fish.

Cinema 2000

En el antiguo Cinema 2000
pasaban películas porno,
la sala era pequeña y siempre
estaba distribuida entre una seda
de humo traspasada por dagas
de luminosos y ruidosos jadeos.

Alguno que otro se masturbó
en esos asientos con army rojo
y dejó sus pastillas de menta
para el siguiente solo y ese solo
dejó alguna para el siguiente.

Era un cine vacío que se mantenía
por el lascivo deseo del perdedor
que encontraba en su mano el sexo
y también a la mujer encendida.

Desde los asientos traseros del bus
la gente miraba los grandes afiches
con estrellas doradas en los pezones
y se preguntaban quién saldría del cine
pero una pared de madera, ocultaba
a los masturbadores misteriosos.

Aunque el Cinema 2000 no existiera más,
lo cierto es que en las mañanas
proyectaban películas familiares,
y nada,
representó mejor a esta ciudad.

Cinema 2000

The old Cinema 2000
showed porn films,
the theater was small and always
was arranged alongside smoke
silk traversed by the daggers
of luminous and loud moaning.

A few masturbated
on those red army seats
and left their mint candy
for the next lonely one and that loner
left some more for the next.

It was an empty theater that stayed in business
thanks to the lascivious desire of losers
who found in their hands sex
and also a turned-on woman.

From the rear seats of the bus
people would look at the giant posters
with golden stars over the nipples
and ask themselves who was leaving the theater,
but a wooden wall was there to hide
the mysterious masturbators.

Even if the Cinema 2000 didn't exist anymore,
the truth is that in the mornings
it showed family films,
and nothing
has ever represented this city better.

Reino de los ciegos

Este es el Reino de los Ciegos en la tierra,
donde abundan los lisiados del amor,
los violadores, los asesinos,
los curas pedófilos, las prostitutas y proxenetas,
los sádicos que golpean hasta desangrar,
los masoquistas que sangran con el deseo,
los drogadictos, los estafadores,
los perros que vuelven sobre su vómito
/y se mortifican,
los exhibicionistas y dementes lujuriosos.

Sade, Baudelaire,
el sexo de Miller y Anaïs Nin,
los Panero, Houellebecq,
la virgen de los sicarios,
los narcotraficantes,
los Pozoleros,
los Pop Star de la Gran Manzana:
Monroe, Presley y Morrison
con la alegría anclada a los barbitúricos;
los asesinos puros e inseparables
como Jon Venables y Robert Thompson,
Petiso Orejudo, Joshua Phillips,
Jordan Brown, Natsumi Tsuji,
Jesse Pomeroy, Mary Bell, Craig Price,
Eric Smith, George Stinney,
todos niños psicópatas,
querubines del mundo.

No existe otro cielo donde conviva
tanta hambre junto a Slim;
ningún otro rico murió por su Ferrari
y sus mujeres como Hugh Hefner.

The kingdom of the blind

This is the Kingdom of the Blind on earth,
where the lame of love, the rapists,
the murderers, the pedophile priests,
the prostitutes and pimps,
the sadists who strike till bleeding,
the masochists who bleed from desire,
the drug addicts, the scammers,
the dogs who turn over their vomit
                    / and mortify themselves,
the exhibitionists and lustful lunatics abound.

Sade, Baudelaire,
the sex of Miller and Anaïs Nin,
Panero, Houellebecq,
our lady of the assassins,
the drug dealers,
the Pozoleros,
the Pop Stars of the Big Apple:
Monroe, Presley and Morrison
with their joy anchored in barbiturates;
the pure and inseparable assassins
like Jon Venables and Robert Thompson,
Petiso Orejudo, Joshua Phillips,
Jordan Brown, Natsumi Tsuji,
Jesse Pomeroy, Mary Bell, Craig Price,
Eric Smith, George Stinney,
all psychopathic children,
cherubs of the world.

There isn't another heaven where
so much hunger and Slim live together;
no other millionaire died for his Ferrari
and his women like Hugh Hefner.

Bendita sea la Patria de los perversos
donde los adolescentes cargan
escopetas compradas por sus padres
y asesinan a compañeros y profesores
lo mismo en Arizona que en Colorado.
Aquí se unen las clases y se crea el mito
de los pobres junto a la fe del proxeneta,
los narcos con su santo Malverde en Culiacán,
el juicio de los sordos donde el imbécil
es solo quien se deja atrapar sin dinero.
No hay mentira pequeña ni blanca.

Timadores de oficio.

En este sucio lugar un perro
vale más que un hombre en harapos
y todo, hasta dios, tiene su precio.

Los corazones nacen con la larva del odio
y se pudren con el conocimiento vacío de amor.

Los niños llegan desnudos en Tailandia
a cuartos de lujo, cargados de frutas
y son el regalo para los lujuriosos
donde su muerte no importa.

Pierdan la fe.

Este era el Reino de los Cielos
y nosotros lo hicimos perverso,
a nuestra imagen y semejanza.

Muramos en paz.

Blessed be the Homeland of the Perverse
where adolescents carry
rifles bought by their parents
and murder their classmates and teachers
the same in Arizona as in Colorado.
Here the classes come together and create the myth
of the poor along with the pimp's faith,
the narcos with their saint Malverde in Culiacán,
the trial of the deaf where the idiot
is the one who gets caught without money.
There are no small lies, no white lies.

Professional swindlers.

In this dirty place a dog
is worth more than a ragged man
and everything, even god, has a price.

Hearts are born carrying the larvae of hatred
and rot with the empty knowledge of love.

Children in Thailand arrive naked
in luxurious rooms, loaded with fruit
and are presents for the lustful
where their death does not matter.

Lose all faith.

This used to be the Kingdom of Heaven
and we made it perverse,
in our image according to our likeness.

Let us die in peace.

Tobillo de mujer

Un faro te ayuda a no perderte
en la inmensa oscuridad del mar.

Así lo comprendí tras cada despedida
y, a pesar de todo, me acerqué
solo para comprobarle
la distancia que nos separa.

Mujeres como ella no tienen nombre,
sólo unos tobillos apenas visibles,
perfectas piernas redondeadas,
traseros que enloquecen como abejas.

Creo, pocas imaginan la trascendencia
de un tobillo desnudo en la terminal
bajo una farola con polillas de diésel.

Esas mujeres y sus tobillos perfectos,
cruzan las ciudades de un solo paso,
todo tiembla y se derrumba:
polvo somos y en polvo nos convertirá;
los edificios saltan: ballenas metálicas
hacia la carne oscura impenetrable.

Decía entonces que un faro
te ayuda a no perderte.

Pero hay mujeres que cargan
la oscuridad del mar.

Ankle of a woman

A lighthouse helps you to not get lost
in the vast darkness of the sea.

That's what I understood after each farewell
and, despite everything, I got near
just to prove
the distance that separates us.

Women like her have no names,
only ankles that are barely visible,
perfectly rounded legs,
asses that make men mad like bees.

I believe, few imagine the transcendence
of a bare ankle at the terminal
under a lamp with diesel moths.

Those women and their perfect ankles
cross the city in one single step,
everything trembles and crumbles:
We are dust and to dust we will return;
buildings jump: metallic whales
toward the dark, impenetrable flesh.

I was saying a lighthouse
helps you to not get lost.

But there are women who carry
the darkness of the sea.

Parábola del pez en la mujer

Un pez cabía en el vientre de esa mujer
y Jesús dijo: que se multipliquen los peces,
que se parta el hombre como el pan,
que se embriaguen juntos con el vino.

El cuerpo de esa mujer fue una fiesta
que contenía el mar donde cabe el pez
y el pez como el mar se multiplicó,
la mujer se abrió como un territorio nuevo,
desbordaron sus aguas dulces y saladas
desde el Pacífico al Atlántico
y quedó fecunda de peces.

A nadie importó que un pez
nadara en el cuerpo de esa mujer,
ni a los masones del norte,
ni a los cristianos del sur.

Esa tierra es virgen de todas las manos,
tiene un pez desnudo, es una lengua
y se mueve como una palabra.

Parable of the fish inside a woman

A fish fit inside the belly of that woman
and Jesus said: let the fish multiply,
let man be broken like bread,
let them both get drunk with wine.

That woman's body turned into a party
that contained the sea where the fish resides
and the fish, like the woman, multiplied,
the woman opened herself like a new territory,
her sweet and salty waters overflowed
from the Pacific to the Atlantic
and she became pregnant with fish.

Nobody cared that a fish
swam inside that woman's body,
not the masons from the north,
not the christians from the south.

That land is virgin from all hands,
has a naked fish, is a tongue
and moves like a word.

Psicotrópicos

Un día dejé de hacer millonarias
a las farmacéuticas norteamericanas,
salí desnudo del hospital
luego de golpear a dos oficiales entre los dientes.

¡Maldita sea! -me dije
¿Quieren llenarme las bolas
con benzodiacepina?
¿Pretenden que me despierte
y atienda sus llamadas?
¿Recordar el retiro de la receta
y la próxima pastilla gratis
para el buen consumidor?

La demencia es mantenerse vivo
para que te droguen, te consuman
con esa dependencia legalizada.

Atravesé la puerta del sanatorio;
y, siempre queda el miedo
de que regresen, te jodan,
te rompan el hocico y chao,
vas a parar sin ropa interior
envuelto en una bata celeste
con un cordón blanco de faja.

Atravesé la puerta, nada más,
como a un espejo giratorio
que no lleva a ninguna parte.

Se trata de explicar estas cosas
en un poema, pero no;
la poesía es muy aséptica,
demasiado bonita para eso.

Psychotropics

One day I quit making the North American
pharmaceutical companies rich,
left the hospital naked
after striking two officers right on their teeth.

Damn it! —I told myself.
Do they want to stuff my nuts
with benzodiazepines?
Do they expect me to wake up
and attend to their calls?
Remember to pick up the prescription
and the next complimentary pill
for the good consumer?

Insanity is to stay alive
so they can drug you, consume you
with that legalized dependence.

I crossed the door of the sanatorium;
and there always remains the fear
that they will come back, mess with you,
bust your mouth and bye-bye,
you end up without underwear
wrapped in a sky-blue gown
with a white string for a belt.

I crossed the door, that's all,
like crossing a revolving mirror
that leads nowhere.

One tries to explain these things
in a poem, but no:
poetry is too aseptic,
too beautiful for such a thing.

Atrapa a la liebre

Una carrera de galgos furiosos, eso era,
perseguían una liebre infectada de rabia
y se envestían con mordidas unos a otros.

El más furioso de los perros alcanzaba la liebre
y la desmembraba para que otros perros
vieran la sangre de vísceras en su hocico;
luego con la rabia contenida,
escupía espumarajos blancos
con tintes bermejos.

Todos con su gran pedigrí
temían al peor de los perros,
oscuro, de ojos con acantilados.

Corría.

Se debe correr como todos.

El conejo hubiera vivido más tiempo
si lo hubiera alcanzado, solo lo olería,
para despreciarlo y seguir corriendo.

Esa noche tampoco dormí ni la siguiente.

El piso del cuarto estaba lleno de botellas.

Desde la ventana del apartamento,
la ciudad se mira menos sucia,
las calles con carros y gente
que no deja de correr.

Todos están furiosos.

Capture the hare

A race of furious greyhounds, that's what it was,
chasing a rabies-infected hare,
covering each other in bites.

The most furious of the dogs caught the hare
and tore it to pieces so the other dogs
would see the blood of entrails on its muzzle;
later, with its rage satisfied,
it spewed white froth
with vermilion specks.

Despite their grand pedigree
they feared the worst of the dogs,
dark, with eyes like cliffs.

It ran.

One must run, as all do.

The rabbit would have survived longer
if the dog had just captured it: it would have just sniffed it,
humiliated it and continued running.

That night I couldn't sleep, nor the next night.

The floor of the room was littered with bottles.

From the apartment's window,
the city looked a little less dirty,
the streets full of cars and people
that don't allow speeding.

Everyone is furious.

Se agitan, beben,
consumen cocaína,
otros con menos suerte
venden estampitas en los semáforos
y buscan la dosis cada dos horas.
Los demás bebemos café
y tomamos valium
hasta ser el país
más feliz del mundo.

Así es como te distraen
para no prestar atención
a la carrera de galgos.

Esos perros furiosos que golpean
una máquina de escribir y vomitan
gustosos sobre ésta.

Se morderán entre ellos con agrado.

De este modo celebran los perros rabiosos.

Mostrarán la liebre desmembrada
y aullarán,
mientras los acantilados
detrás de unos ojos negros
no se detienen,
no llegan nunca
y corren huyendo
de su propia profundidad,
de la perdición de la noche.

Esta es la ciudad de la furia.

They are agitated, they drink,
consume cocaine,
the less fortunate ones
sell little stamps at the traffic lights
and seek a dose every two hours.
The rest of us drink coffee
and take valium
until becoming the world's
happiest country.

That's how they distract you
so you don't pay attention
to the greyhound race.

Those furious dogs strike
a typewriter and happily
vomit all over it.

They will bite each other with glee.

This is how rabid dogs celebrate.

They will display the dismembered hare
and howl,
while the cliffs
behind a pair of black eyes
don't stop,
never arrive
and run, fleeing
their own depth,
the night's perdition.

This is the city of fury.

Lisiados del amor

En eso nos parecemos a otros,
nos reconocemos en los asientos
como polvo en las butacas de los bares,
nos observamos en la extensa barra,
sabemos quiénes somos y quiénes no,
mientras contamos cada grano de maní
de la hondura de un plato plástico.

Aunque lo parezca no somos dementes
y tampoco estamos lejos de ser marineros
arrastrados por sirenas lujuriosas
a aguas profundas del Pacífico
de donde nunca regresaremos.

Y nos observan solos en los parques
Y nos observan solos en las calles
Y nos observan solos entre solos
sin más memoria que el olvido.

Nos encontramos con mirada fija
entre los exiliados, los sin suerte,
los que no encuentran afecto,
esos que en la desgracia saben
que nadie los ama ni odia,
no existen.

Invisibles para el calor de los cuerpos,
invisibles para el beso, la caricia,
invisibles para el desenfreno, el arrebato.

Aquí, los desalmados
de tanto dar el alma en la desgracia,
los lisiados del afecto, los feos, los solos,
los heridos de muerte con sobrevidas.

Randall Roque

Lame of love

In that regard we look just like the rest,
we recognize each other in the seats
like dust on the stools of bars,
we observe each other at the long bar,
we know who we are and who we are not
as we count every peanut
from the hollow of a paper plate.

Even if we look like it, we are not crazy
and we are not far from being mariners
carried away by lustful sirens
to deep Pacific waters
from where we will never return.

And they stare at us alone in parks
and they stare at us alone in the streets
and they stare at us alone among the lonely
with no more memory than oblivion.

We find each other with fixed stares
among the exiles, the luckless,
those who don't find affection,
those who in their disgrace know
that nobody loves them or hates them,
that they don't exist.

Invisible to the warmth of bodies,
invisible to the kiss, the caress,
invisible to the debauchery, the fury.

Here, the soulless
from having giving so much of their soul in disgrace,
the lame of affection, the ugly ones, the lonely ones,
the fatally injured who have extra lives.

Al acercarnos a la barra de esos bares
compartimos con putas jóvenes,
borrachos, apostadores, drogadictos,
nos sentamos silenciosos, torpes,
con la cabeza inclinada
como en un monasterio
donde los borrachos lloran
sobre semillas saladas incomibles
y el sudor cortado de las cervezas.

También fuimos eternos y jóvenes,
más lo segundo que lo primero;
eso sí, con poca suerte en el amor.

En un tiempo u otro, morimos todos,
algún desconocido deja de cruzar
las puertas móviles de las cantinas
y brindamos por su mala suerte
sin levantar la mirada.

Randall Roque

When we approach the bars of those pubs
we share with young whores,
drunkards, gamblers, drug addicts,
we sit silently, clumsily,
with our heads lowered
as in a monastery
where the drunks cry
over inedible salty seeds
and the curdled sweat of beers.

We were also eternal and young,
more the latter than the former;
yet, with little luck in matters of love.

One day or another, we all die,
some unknown one stops crossing
the swinging doors of pubs
and we toast to his bad luck
without lifting our heads.

Amanda

Sola en las calles, Amanda,
sola de mí, desnuda de agua,
como río de cerezos transparentes,
imposibilitado de amarte te bendigo.

Cómeme,
bébeme,
sáciate de mí.

Con este brazo he roto puentes
y construido casas formidables.
Con este brazo he asesinado
y abrazado con dulzura.
Con este brazo que se extiende
hasta tocarte. Amanda.
No te negué el odio ni el amor.
Todo fue tuyo.
En una enredadera nos fundimos
y las flores del flamboyán
de afuera hacia adentro nos nacieron.

Sedúceme.
Aplácame.
Quédate.

Ensúciame los rincones
más puros. Destrúyelos.

No vine al mundo por su pureza
ni he venido, Amanda, a salir ileso.

Amanda

Alone in the streets, Amanda,
alone of me, naked of water,
like a river of transparent cherry trees,
prevented from loving you I bless you.

Eat me,
drink me,
have enough of me.

With this arm I have destroyed bridges
and built formidable houses.
With this arm I have murdered
and embraced with sweetness.
With this arm that extends
until touching you. Amanda.
I didn't deny you love or hatred.
Everything was yours.
We fused each other in an ivy
and the flowers of the flamboyant tree
were born in us from the outside to the inside.

Seduce me.
Placate me.
Stay.

Dirty my purest
corners. Destroy them.

I didn't come to the world for its purity.
Nor have I come, Amanda, to leave in one piece.

Contracultura[1]

(Ediciones SUMMA, Perú, 2017)

---
[1] Festival Internacional Primavera Poética de Perú

Counterculture[2]

(Ediciones SUMMA, Peru, 2017)

---

[2] Peru's Poetic Spring International Festival

Animales perversos

Es importante conozcás mis intenciones,
son muchas; ninguna buena.

Ensuciar la memoria, cargarla de hollín,
desflorarlo todo y no detenernos
hasta que un cuarto arda
con el fuego más oscuro
del último rincón donde la luz
se pudre y no penetra.

Animales perversos,
libertinos y libres.

Donde exista maldad,
ahí germinaremos
como esporas alucinógenas
que carcomen la carne
más limpia y buena
con dentadura de lagartos.

Nunca nadie recibió todo el amor
con la intensidad del odio más grande
ni será castigada solo a la imagen del deseo.

Hemos venido
a consumir
la lujuria.

Nada de lo que diga
escriba o haga
será bueno

Perverse animals

It's important that you know my intentions:
they are many; none of them good.

To dirty the memory, fill it up with soot,
deflower everything and not stop
until a room is burning
with the darkest fire
of the last corner where light
rots and doesn't enter.

Perverse animals,
licentious and free.

Wherever evil exists,
there we will sprout
like hallucinogenic spores
that eat away
at the cleanest, kindest flesh
with alligator teeth.

Nobody ever fully received love
with the intensity of the greatest hatred
nor will she be punished only on the image of desire.

We have come
to consume
lust.

Nothing I say
write or do
will be good

ni
nos
dejará
sin
mancha.

nor
will
it
leave us
unblemished.

Tóxico

Tenía un modo tan suave de lastimarme
que a la larga uno no sabía si aquello
era un golpe militar o una caricia.

Lo cierto es que ni Sun Tzu
pudo con esos amores tóxicos
de espinas enormes de Saguaro
en el extenso Desierto de Sonora
y flores demasiado pequeñas
para ser consideradas afecto.

Quise dejarla pero tenía tantos rostros,
era las mismas personas en mi vida
una vez, la siguiente y otra también.

Desintoxicarse no es sencillo,
se empieza por aceptar la toxina,
semejante al amor en muchas formas;
aunque pienso que en estos casos,
uno es incurable.

Toxic

She had such a tender way of hurting me
that with time one didn't know if it was
a military coup or a caress.

What's true is that not even Sun Tzu
could handle such toxic love
of large saguaro thorns
in the endless Sonoran Desert
and flowers too small
to ever be considered affection.

I wanted to leave her but she had so many faces,
she was the same people in my life
once, the next time, and yet another.

To detox is never easy,
one starts by accepting the toxin,
similar to love in many ways;
although I think that in these cases,
one cannot be cured.

Colchón blanco para Sasha Grey

A eso de las tres y quince de la tarde
llegó el nuevo colchón matrimonial,
lo trajo un tipo mal encarado
que exigía la contra factura
y un garabato en sus papeles.

Tuve que buscar en el basurero
y sacudirle la borra del café
para dejarla, al menos,
un poco presentable.

Me gusta la cama con buen espacio,
para las piernas, la ropa y la distancia,
sobre todo, que sea ortopédica.

Luego, en la noche junto a un Jack Daniel's,
miraba una película porno de Sasha Grey,
quien se sacrificó para que todos
gozáramos del cielo
y es lo más cercano
a la santidad en este mundo.

De todas las escenas repetidas,
atrajo mi atención de inmediato
el colchón blanco ortopédico.

Qué bien se siente saber
-aunque sea de este modo-
que la garantía está segura.

Me levanté y fumé un cigarro.

¿De qué otra cosa podía escribir, sino de esto?

White mattress for Sasha Grey

At about three fifteen in the afternoon
the new queen-size mattress arrived,
brought by a sour-faced guy
who demanded the paid invoice
and a John Hancock on his papers.

I had to search for it in the trash can
and clean the coffee stain a bit
to make it, at least,
a little presentable.

I like beds with plenty of room
for legs, clothing and distance;
above all, they must be orthopedic.

Later that night, next to a Jack Daniel's,
I watched a Sasha Grey porn movie.
She sacrificed herself so we could all
enjoy heaven,
the closest thing
to holiness in this world.

Of all the repeated scenes,
the one that suddenly jumped at me
was the one with the white orthopedic mattress.

How good it feels
—even if it's like this—
that the warranty is worth the price.

I got up and smoked a cigarette.

What else could I write about right now?

Déjate hundir

Déjate hundir, nada va a salvarte,
ni los autos caros ni la ropa lujosa;
estarás muerto como un famélico
perro de las calles de Manhattan.

Te arrancarán la carne a mordidas,
en nombre del amor, te arruinarán,
desearán tu muerte como al leproso.

Déjate hundir, no tiene sentido
luchar, dar una brazada y otra
sin tocar la orilla, la última balsa,
el faro perdido en las tinieblas.

Arráncate los labios para el beso,
Arráncate la lengua para santificar.

Estos son todos tus muertos
en el mundo de los solos.

¿Los puedes oír?

Te esperan bestias furiosas
y nada te salvará.

Déjate hundir;
resígnate.

Let yourself sink

Let yourself sink, nothing will save you,
not the expensive cars nor the fancy clothes;
you will be dead like a famished
dog in the streets of Manhattan.

They will tear your flesh off bite by bite
in the name of love, they will ruin you,
they will wish you die like a leper.

Let yourself sink, there's no point
in fighting, in taking stroke after stroke
without ever reaching the edge, the last lifeboat,
the lighthouse lost in the fog.

Tear your lips off for the kiss,
pull your tongue out for the blessing.

These are all your dead
in the world of the lonely.

Can you hear them?

Furious beasts await
and nothing will save you.

Let yourself sink,
give up.

Hago la herida para salvarte / I Make the Wound to Save You

No dejés de girar el menú

Sentado en la barra del bar
tomaba una cerveza bien fría,
mientras giraba con el índice
el librillo del menú plastificado.

Estaba bien. Un viernes.
Solo. Cerveza. La barra
con gente poco habladora,
sin ganas de conversar
con un extraño. Estaba bien.

Cerca mío, una mujer sentada
en uno de los bancos de la barra:

La verdadera revolución femenina
empezó en las barras de los bares.

Antes, era imposible ver en una barra
a una mujer con jeans rotos,
aquello era un tirón de obreros
rascándose cada tanto las pelotas.

Seguimos con risas
el hilo de la conversación
hasta olvidar las horas.

Me levanté a orinar
y me dijo que volviera.

Al rato lo hice.

Quería llevarla a casa, pero no.

Randall Roque

Don't stop spinning the menu

Seating at the pub's bar
I was drinking an ice-cold beer
while spinning the plastic-coated
menu with my index finger.

I was fine. A Friday.
Alone. Beer. Not too many
talkative people at the bar,
little interest in talking
to a stranger. I was fine.

Near me, a woman sitting
on one of the bar stools:

The real feminist revolution
started at bars like this one.

Before, it was impossible to see a woman
with ripped jeans sitting at the bar,
it was nothing but a string of laborers
scratching their balls every so often.

We followed the string
of conversation with laughter
until we forgot the time.

I got up to piss
and she asked me to come back.

I did, eventually.

I wanted to take her home, but no.

Hago la herida para salvarte / I Make the Wound to Save You

La idea no sentó muy bien.
Debió ser lo que dije, lo que pensé,
lo que hice o todo junto.

Los orinales tienen eso;
vas, descargás un poco
y al sentarte la realidad es otra.

Ahora era un macromachista,
hijo del patriarcado, cosificador,
temeroso de la autosuficiencia,
ciego y obtuso, valeverguista,
irrespetuoso de la individualidad.

Bien, le dije, es viernes,
un mal polvo de mis padres
no tuvo nada que ver,
aún muchísimo antes
de que pensaras esas cosas.
ya era una causa perdida.

Regresé con el menú;
girarlo sobre sí,
parecía una mejor idea.

The idea didn't seem right.
It must have been what I said, or thought,
or did, or everything together.

Urinals have that effect:
You go, unload a bit
and after returning reality is different.

Now I was an uber-macho,
son of the patriarchy, objectifier,
afraid of self-sufficiency,
blind and obtuse, unable-to-give-a-shit,
disrespectful of individuality.

OK, I told her, it's Friday,
one of my parents' bad fucks
is not to be blamed for this,
long before you thought
those things about me,
I was already a lost cause.

I returned to the menu,
spinning it upon itself.
It seemed like a better idea.

Cosas así te matan

Cuando se decidió a llamar
estaba tan ebria que apenas
si le reconocía la voz por el teléfono.

Dije que iría hasta esa casa
donde alquilaba un cuarto de estudiante,
respondió que no, había vomitado demasiado
y el baño era un asco y su blusa ni hablar.

Así que sólo se quedó explicándome
lo que tomó esa noche en distintos bares.

Esa mujer de caderas anchas
y pechos pequeños en cualquier escote,
jugaba pool tan bien y daba un respiro
a mi aburrida vida.

Tras varias semanas, desapareció,
no supe nada de su estado y,
al reencontrarnos,
parecía odiarme por no haber ido,
aunque ella dijo que no fuera y sólo
colgué el teléfono mientras la oía vomitar.

Después parecía odiarme sin razón,
también la odiaba por enamorarme
y desaparecer, para luego sólo decir
con una sonrisa, lo enamorada
que estaba de otro.

Esto es un lío, una desgracia,
no deberíamos enamorarnos de mujeres así,
menos si juegan pool y dicen que no te
enamoraste de la que realmente era.

Randall Roque

These things kill you

When she decided to call
she was so drunk I could barely
recognize her voice on the phone.

I said I would go to that house
where she rented a student's room;
she answered no, she had puked too much
and the bathroom was a mess and her blouse even worse.

So she just sat there explaining to me
what she had drunk that night at various bars.

That woman with wide hips
and small breasts regardless of cleavage,
was such a good pool player and gave
my boring life a breath of fresh air.

After a few weeks, she disappeared,
I knew nothing of her status and,
when we finally met again,
she seemed to hate me for not having gone,
even though she told me not to go
and I just hung up the phone as I heard her vomit.

Later she appeared to hate me for no reason at all,
I also hated her for making me fall in love
and disappearing, and then simply saying
with a smile how much in love she was
with someone else.

This is a mess, a tragedy,
we shouldn't fall in love with women like her,
especially if they play pool and tell you
you didn't fall in love with who they really were.

Cosas así te matan,
no te dejan sino, disimular un poco
y darte un aire de importancia ante el dolor.

These things kill you,
they only allow you to pretend a little
and make you feel important in the face of sorrow.

Tommy Lee

La velocidad para armar y desarmar
los lados opuestos de un Cubo Rubik
lo era todo, hasta que no fue suficiente
y se dedicó al póker como Stu Ungar,
y recibió patadas por el culo en casi
todas las puertas de los casinos.

Las putas lo trataban bien,
sus amigos no tanto,
el póker menos.

Una cosa es cierta:
«La mano es más rápida que la vista»,
estoy seguro escuchaste esa frase,
pues ese no era su caso y perdió
uno o dos dientes irremplazables,
un reloj de oro y las llaves
del carro de un amigo.

Tommy Lee no era Stu Ungar.

Ese tipo sabía perder como una leyenda.

Y en todos los casinos lo conocen.

Se escucha siempre decir:

Allá va Tommy Lee.
Otra vez un Tommy Lee.
Te fuiste como Tommy Lee.

Si no me creés.
Vamos, preguntale a cualquiera
que pierda en los casinos.

Tommy Lee

The speed to put together and undo
the opposite sides of a Rubik's cube
was everything to him, until it wasn't enough
and he turned to poker like Stu Ungar
and was kicked in the ass
at almost all casino doors.

Whores treated him well,
his friends not so much,
poker even less.

One thing is certain:
"The hand is quicker than the eye,"
I'm sure you have heard this phrase,
but that wasn't the case for him
and he lost one or two irreplaceable teeth,
a gold watch and the keys
of a friend's car.

Tommy Lee was not Stu Ungar.

That dude knew how to lose like a legend.

And they know him in all the casinos.

It's common to hear:

There goes Tommy Lee.
Another Tommy Lee once again.
You lost like Tommy Lee.

If you don't believe me.
Let's go, let's ask anyone
who loses at casinos.

La vida es un blues de Robert Johnson

Estaba dormido. En media oscuridad
una sombra más oscura que apenas
podía distinguir. Vamos a bailar,
a bailar con el diablo -dije-
y ya saben, lo hicimos toda la noche,
a cambio de escribir unas cuantas letras.
Todos quieren una parte de tu vida.
La carne es lo que sobra de los perros.
No hay un alma de Ilinois a Misisipi.
La vida es un blues, Robert Johnson,
autopistas enormes de carros
como escupitajos de tabaco rancio.
En la radio estaremos juntos. Aunque
el diablo no quiera mi alma vieja.
Hemos bailado en las cuatro esquinas
de la autopista 61 con la 49 en Clarksdale.
Aceptó y bailamos toda la maldita noche.
Nunca vi su rostro, pero Vanessa dijo:
«Huele algo raro aquí ¿No te parece?»
El cuarto era un muro de incienso
con espejos para cruzar de un lado a otro.
Alguien se sienta en mi silla y escribe.
No sé quién es. Sabe a alcohol y puros.
Dejá que encienda el fuego, Vanessa.
En el infierno tendrás frío. Lo sabe,
bailamos y fuimos buenos amantes.
Era la sombra más oscura que la noche.
Robert Johnson estuvo conmigo.
La escuché entonces decir:
«Escribamos una tonada, un blues»
Desempolvamos la cama de la sombra.
Vamos; ¿Me despreciarás otro día?
El diablo estuvo aquí por mi alma vieja.

Life is a Robert Johnson blues

I was asleep. In the midst of darkness
there was an even darker shadow that
could barely be seen. Let's dance,
dance with the devil —I said—
and you know, we did it all night
in exchange of writing a few letters.
They all want a piece of your life.
Flesh is what's left over of the dogs.
There isn't a soul between Illinois and Mississippi.
Life is a blues, Robert Johnson,
giant freeways full of cars
like rancid tobacco spit.
We will be together on the radio. Even
if the devil doesn't want my old soul.
We have danced on the fours corners
of the 61 and 49 highway crossroads at Clarksdale.
She accepted and we danced the whole damn night.
I never saw her face, but Vanessa said:
"There's a weird smell here, don't you think?"
The room was a wall of incense
with mirrors to cross from one end to the other.
Somebody sits on my chair and writes.
I don't know who it is. Tastes of alcohol and cigars.
Let me light the fire, Vanessa.
You will be cold in hell. She knows it;
we danced and were good lovers.
It was a shadow darker than night.
Robert Johnson was with me.
Then I heard him say:
"Let's write a tune, a blues."
We dusted off the shadow's bed.
Come on. Will you despise me another day?
The devil was here for my old soul.

Dimos lumbre al abismo de la carne.
En una sola sombra. Perdí los ojos
como en una apuesta de póker.
Ya no hay nada aquí.
¿Recordarás esta canción?
Me siento tan solo.
Es una mala sombra. Por un segundo
no tengo párpados y se ilumina todo.
Sólo quiere que extrañe la luz.
Busca herirme.
Las cartas están echadas.
Hemos firmado un acuerdo.
De cualquier modo, esta vida
no es lo que prometieron.
No quiero dinero. Sólo dejate caer.
En un tronar de dedos
verás a quien amaste.
Así fue. Estaba dormido
en la ausencia del fuego.
Junto a una sombra más oscura.
Todo era perfecto.
¿Me culparás por alcanzar tus sueños?
Claro que sí. Somos seres despreciables.

We lit the abyss of the flesh.
In a single shadow. I lost my eyes
like in a poker bet.
There's nothing left here.
Will you remember this song?
I feel so lonely.
It's a bad shadow. For a moment
I have no eyelids and everything is illuminated.
It only wants me to miss the light.
It seeks to hurt me.
The cards are laid down.
We have signed an agreement.
In any case, this life
is not what I was promised.
I don't want money. Just let yourself fall.
In the time it takes to snap your fingers
you will see who you loved.
That's how it was. I was asleep
in the absence of fire.
Next to an even darker shadow.
Everything was perfect.
Will you blame me for reaching your dreams?
Of course you will. We are despicable beings.

Sola conmigo

Me dice que se siente sola conmigo.
Trabajo mucho, luego escribo, leo
y vuelvo a escribir en ese cuarto,
donde piensa, morimos un poco.
Esa no es la vida que esperaba.
Tampoco yo. Creo que no existe
esa vida. Algunos se inventan
un cielo, y bueno, es una manera
de salvarse. Nosotros no podemos.
Debimos leer menos, tener un Dios,
algo de fe nos caería muy bien
en momentos insalvables como este.

Randall Roque

Alone with me

She tells me she feels alone with me.
I work too much, then I write, read
and write again in this bedroom,
where she thinks, we're dying a little.
This was not the life she expected.
It's not the life I expected, either. I think
such a life doesn't exist. Some make up
a heaven, and well, that's one way
of saving yourself. We can't do that.
We should have read less, had a God,
a bit of faith would do us good
in impossible moments like this.

Sonreír es el truco

La gente sonríe por miedo,
al acercarse a un desconocido
sino devuelve la sonrisa
es un tipo peligroso.

Así que practiqué cada mañana
en los grandes ventanales de tiendas;
me detenía unos minutos y sonreía,
nunca antes perdí tanto tiempo
sin resultados favorables.

En las reuniones de amigos,
la cámara siempre es una amenaza.
«Sonríe» dicen.
Respondo: «Esa es mi sonrisa»

Es un músculo atrofiado y sin remedio.
Todos lo sabemos.

La infancia se vive una vez
y te rompe de por vida.

The trick is to smile

People smile because they're afraid,
if when you get close to a stranger
he doesn't smile back,
he's a dangerous type.

That's why I practiced every morning
in front of the large store windows;
I would stop for a few minutes and smile,
never before having wasted so much time
without favorable results.

When meeting with friends,
the camera is always a threat.
"Smile," they say.
"That's my smile," I answer.

It's an atrophied muscle, without hope.
We all know it.

You live your childhood once,
and it breaks you forever.

Jaula con pájaro amarillo

Un pájaro amarillo abre la jaula
para volar con otros pájaros
en una jaula más grande;
está dentro de otra jaula
con miles de jaulas dentro
que encierran miles de jaulas
y en cada jaula un pájaro amarillo
trina como ningún otro.

Esa es la libertad del mundo.

Uno lo sabe de antemano,
desde que lo mira volar
de una jaula a otra,
desesperado.

Es un pájaro doméstico,
no vivirá mucho.

Cage with yellow bird

A yellow bird opens the cage
to go fly with other birds
in a larger cage;
it's inside another cage
with thousands of cages inside
that cage thousands of cages
and in every cage a yellow bird
sings like no other.

This is the world's freedom.

One knows it beforehand,
from the time one sees the bird flying
from one cage to another,
desperate.

It's a domestic bird:
will not live long.

Cerveza cruda en Hooters con Fútbol Americano

He escuchado a un par de meseras en Hooters
decirle a otra que ese es un lugar familiar
mientras el marido de alguna les mira las tetas
embadurnadas con crema para las manos,
también que no vale la pena dárselas
con un tipo de cuarenta y tantos que no tiene carro,
a esa edad, lo mínimo es un carro,
y sacude el polvo de la barra sin mirarme.

Yo miro su escote, el pichel de cerveza cruda.
Me agrada. Tengo un bonito auto nuevo. Del año.
Y dentro de un año será necesaria
otra deuda y otro carro bonito.

Así funciona el mundo aunque las feministas
se revuelquen como lombrices fuera de la tierra.
Un par de tetas siempre halarán más que un arado.
Eso es conocimiento popular y esas mujeres lo saben.
Lo usan. Lo aprovechan para doblar los engranajes
/del mundo.
Afuera del bar, donde el fútbol americano
invadió las pantallas de Latinoamérica,
gritan tanto hombres como mujeres,
por esos traseros gordos y sudados.

Afuera, hay algo peor.
Los pobres de las cárceles de San Sebastián,
segregados para no mirarlos. Segregados
con su maldad no canonizada por Opus Dei.

Todos estamos sucios.
Asqueados de la alegría,
del Dios que nos mantiene

Draught beer at Hooters while watching American Football

I have heard a Hooters waitress
tell another that this is a family establishment
while somebody's husband looks at their tits
slathered in hand lotion;
she also says it's not worth getting involved
with a guy in his forties who doesn't own a car,
at that age he must have a car at the very least,
and then she wipes the dust off the bar without looking at me.

I look at her cleavage, the pitcher full of draught beer.
I like her. I have a nice brand-new car. Brand-new.
And within a year I will have
another debt and another nice car.

This is how the world works even if feminists
will wriggle like earthworms outside the dirt.
A pair of tits will always collect more than a rake.
This is common knowledge, and women know it.
They use it. They take advantage of it to set the wheels
/ in motion.
Beyond the bar, where American football
has invaded Latin America's flat screens,
men and women scream alike
for those fat and sweaty asses.

Outside it's worse.
The poor in the San Sebastián prisons,
segregated so we don't have to see them. Segregated
with their non-Opus Dei-canonized evil.

We are all dirty.
Disgusted by happiness,
by the God that keeps us

cautos y unidos a la familia,
ese inmenso ojete blanco con perfume
de la sociedad que elige
a los gobiernos Centroamericanos.

Los dementes no van a votaciones.
Los reos no van a votaciones.
Los anarquistas no van a votaciones.
Por eso no importan a nadie.

Llevo tres picheles de cerveza cruda
y esto es una mierda,
agua amarilla que no emborracha,
no aturde.

Me gusta cómo se agitan
las tetas de la mesera en Hooters
y mi carro nuevo con asientos suaves
que me lleva cómodamente al trabajo,
para ganar dinero, tomar cerveza
y visitar lugares familiares postmodernos.

Es un asco, sino estás dentro del juego.
Es un asco como esos culos gordos y sudados
que ninguno deja de ver fijamente en la pantalla.

cautious and united as a family,
that giant white perfumed asshole
of society that elects
governments in Central America.

The lunatics don't vote.
The inmates don't vote.
The anarchists don't vote.
That's why nobody cares about them.

I've drunk three pitchers of draught beer
and it's shit,
yellow water that won't make you drunk,
won't daze you.

I like it how the Hooters
waitress' tits bounce
and like my new car with soft seats
that takes me comfortably to work
so I can make money, drink beer
and visit postmodern family establishments.

It's disgusting if you are not in the game.
It's disgusting, those fat sweaty asses
that no one stops staring at on the screen.

Hibakusha[3]

Te escribo de los Hibakusha
bajo la lluvia negra de agosto,
te asquea que un tipo como yo
hable de estas cosas; pero nadie habla.

Antes de ser un Hibakusha y después,
tenían un mapa de Hiroshima en la espalda;
los Hibaskusha lo muestran como un grabado
en relieves de carne blanca y alisada,
los médicos les inyectan vitaminas,
pero la carne es un licuado por dentro
y se pudre al contacto con la aguja.

Apenas unos cuantos sobreviven
a la respiración pesada de los autobuses
y pensás que escribir sobre la aspiradora
y los tragamonedas, es hablar de las ciudades,
también de las cervezas, las putas altas,
eso te parece, y lo escribís con demencia;
no has vivido una mierda.

Esto es escribir de las ciudades:
Todos somos un Hibakusha.

---

3 Hibakusha ("persona bombardeada") fue el término con que los japoneses designaron a los supervivientes. Oficialmente hubo más de 360.000 hibakusha de los cuales la mayoría, antes o después, sufrieron desfiguraciones físicas y otras enfermedades tales como cáncer y deterioro genético.

Hibakusha[4]

I'm writing to you about the Hibakusha
under the black August rain;
it disgusts you that someone like me
speaks about these things, but nobody speaks.

Before being Hibakusha and even after,
they had a map of Hiroshima on their backs;
the Hibakusha show it like an engraving
of white and flattened flesh reliefs,
doctors inject vitamins in them
but their flesh is liquefied inside
and rots upon contact with the needle.

Only a few survive
the heavy breathing of buses,
and you think that writing about the sweeper
and the slot machines is writing about cities,
or about beer and tall whores,
that's what you think, and you write about it like mad;
but you haven't lived shit.

This is what writing about cities is:
We are all Hibakusha.

---

[4] Hibakusha ("bombed person") was the term used by the Japanese to refer to survivors. Officially, there were more than 360,000 Hibakusha, the majority of whom suffered physical disfiguration and diseases such as gastric cancer and genetic deterioration.

Rojo escarlata

Yo miré a un inmigrante mexicano lleno de sangre,
y su sangre era rojo escarlata, gruesa
como vigas de acero en los cimientos
del Hotel Plaza en Atlantic City
y todas tenían inscrita la firma Donald Trump.

Miré a la diestra de Obama, esa casa blanca
con policías robustos, bien formados
y ciudadanos negros con la sangre rojo escarlata
como trabajadores en la ciudad de Mc Kinney,
con su carne debajo de rieles
y construcciones inmensas.

Vendrán tiempos peores, Dylann Roof,
en los que la sangre sea rojo escarlata,
te cuenten como una de las cincuenta estrellas
y no sientan pena.

Tiempos en los que asesinen a veinte niños
en la escuela primaria de Sandy Hook de Newtown,
los noticiarios no tengan asco de vender
y hagan a Gary Ridgway una sonada canción.

Vendrán tiempos peores
o pasaron sin darnos cuenta.

Scarlet red

I saw a Mexican immigrant covered in blood,
his blood was scarlet red, thick
like the rebar in the foundation
of Atlantic City's Plaza Hotel,
with Donald Trump's signature all over it.

I looked to the right of Obama, that white house
with robust, well-formed policemen
and black citizens with red scarlet blood
like workers in the city of McKinney,
their flesh buried under rails
and gigantic buildings.

There will be better times, Dylann Roof,
when blood will be scarlet red,
and they will count you as one of the 50 stars
without being embarrassed.

Times when twenty children will be murdered
at Sandy Hook Elementary School in Newtown,
the news shows will shamelessly sell it,
and someone will make Gary Ridgway a popular song.

There will be worse times,
or they already happened and we didn't even notice.

Soundtrack

*En memoria de Felipe Granados
y La Enésima Silla.*

Soundtrack

*In remembrance of Felipe Granados
and La Enésima Silla literary workshop.*

Carta no escrita

¡Oh amor!, la gente llora todo el tiempo.
No des importancia a lo que dicen.
Sabés que te amo y cargo un revólver
con una bala firmada en la punta.
Sólo tenía decisiones por tomar
y son difíciles, lo sé, incomprensibles.

Nadie se embriaga sin heridas
que cauterizar por dentro.

Anoche sonreímos. Bailamos
como niños de las calles
chapoteando entre los charcos.
La lluvia
trajo un soplo de mariposas negras.

Es bueno que comprendan.
El mundo es sólo un paso
y debemos dejar el capullo.
Las serpientes también mudan
pero los gusanos se transforman.

Soy un gusano en tu tacón afilado.
Lo supimos siempre. Es hora de volar.

¡Oh amor!, todo es tan frágil y simple ahora.

No permitás que te mientan en mi nombre.
Ambos sabemos que te amo.
Pero hay decisiones que tomar.
Y son difíciles, lo sé, incomprensibles.

¿Cómo puedo decir eso y marcharme?

Unwritten letter

Oh, love!, people cry all the time.
Don't pay attention to what they say.
You know I love you and I carry a revolver
with a signed bullet tip.
I had decisions to make
and they are difficult, I know, incomprehensible.

Nobody gets drunk without wounds
that have cauterized inside.

Last night we smiled. We danced
like street children
jumping in puddles.
The rain
carried a breeze of black butterflies.

It's good for them to understand.
The world is only a phase
and we must leave the cocoon.
Snakes also shed their skin
but caterpillars transform themselves.

I'm a caterpillar under your sharp stiletto.
We always knew it. It's time to fly.

Oh, love!, everything is so fragile and simple now.

Don't allow them to lie to you in my name.
We both know that I love you.
But there are decisions to be made.
And they are difficult, I know, incomprehensible.

How can I say this and then leave?

Hago la herida para salvarte / I Make the Wound to Save You

Tengo un revólver
y
una bala
firmada
en la punta.
Será un trago amargo.
Todo arde por dentro.
Esto es una ciudad en llamas.
Y te amo.

He dejado la ropa lista. Mudame bien.
Sé que me odiarás. Nos conocemos suficiente.
Los zapatos están lustrados y brillantes,
podrás ver tu rostro triste sobre estos.

El vaivén de las olas como un arrullo
llega también a agotarte. Es cansado
luchar todo el tiempo en mi contra.
Un día bien, otro mal.
Quizá, un poco de vacío
no esté equivocado.

No dejés que te culpen.
Sabés que te amo.

Hay decisiones que tomar.
Y son difíciles, lo sé, incomprensibles.

I have a revolver
and
a signed
bullet
tip.
It will be a bitter drink.
Everything burns inside.
This is a city on fire.
And I love you.

I've left my outfit ready. Dress me well.
I know you will hate me. We know each other enough.
The shoes are shined and sparkle,
you will be able to see your sad face on them.

The swaying of the waves, like a murmur,
sooner or later exhausts you. It's tiring
to fight against me all the time.
A good day followed by a bad one.
Perhaps a little bit of emptiness
won't be wrong.

Don't let them blame you.
You know I love you.

There are decisions to be made.
And they are difficult, I know, incomprehensible.

Perdidos por vivir

Estamos hechos de fuego
y somos dúctiles como el agua.

Sé que todos tenemos una grieta
por donde la luz asoma y asecha
como un felino de cobre en la oscuridad.

¿Cuántas heridas han cerrado
sin cicatrizar por dentro?

Es hora de aceptarte como sos.
Has sufrido las antorchas como un castigo
y todo por amar.

Es hora de detener la huida,
mostrar las grietas que te forman.
Estallará tu dolor
como una estrella que fenece.

Nadie ha llegado al cielo y regresado
para contarnos lo que pasa.
He perdido la ruta y ya no extraño el camino.
Podemos caer y ser ángeles todavía.
Descender y brillar tanto
que todo sea oscuro a tu alrededor.

¿No estás cansada de sufrir?

Desnudá tu pecho sin ningún lenguaje.
La piel es la muda de la crisálida.
Y nadie elige tu destino. Ahora no.
El amor es andrógino y libre.
Todo está por derrumbarse

Lost for living

We are made of fire
and we are as ductile as water.

I know we all have a crack
through which light enters and lurks
like a copper feline in darkness.

How many wounds have closed
before they healed inside?

It's time to accept yourself as you are.
You have suffered the torches as punishment
just for loving.

It's time to stop fleeing,
show the cracks that make you.
Your pain will explode
like a dying star.

Nobody has reached heaven and returned
to tell us what happens there.
I have lost the way and don't miss the road.
We can fall and still be angels.
To descend and shine so much
that everything will be dark around us.

Aren't you tired of suffering?

Bare your chest without any language.
Your skin is the chrysalis' molting.
Nobody chooses your destiny anymore. But not now.
Love is androgynous and free.
Everything is about to crumble

y vivimos con miedo de vivir.

Entiendo que pasaste años en las sombras.
Con miedo del qué dirán y cómo explicarte.
Ya no amor. Observá
cómo tus grietas se abren.
Es toda la luz del universo.

Es hora de rasgar el manto en dos.

Sólo quedará
quien te amó
lo suficiente
para entenderlo.

Sólo eso basta.

El camino es solitario
de cualquier manera.

Nadie nació con vos ni morirá.
Nadie daría su vida,
más de una vez,
aunque pudiera.

Es hora de tomar las riendas del fuego.

and we live afraid of living.

I understand you spent many years in the shadows.
Afraid of what they would say and how to explain yourself.
But not anymore, love. See
how your cracks open.
It's all the light in the universe.

It's time to rip the curtain in two.

All that will be left
is who loved you
enough
to understand.

That's enough.

The road is lonely
either way.

Nobody was born with you or will die with you.
Nobody would give his life,
more than once,
even if he could.

It's time to take the fire's reins.

Hago la herida para salvarte

Digan lo que digan jamás aceptaré
que fui un tipo miserable. Una desgracia.
Y lo han dicho muchas veces. Lo que soy.
Lo que realmente he sido,
es un constructor de cicatrices robustas
como troncos de Sequoia
en el Parque Nacional Redwood.
Otros lo reconocerán.

Los corazones vacíos como ostras,
sin restos de devoción, relicarios rotos.
Atestiguan el ajenjo de los solos.
Esas miradas inexpresivas, casi odiantes,
ruedan en ovillos de paja reseca
sobre los cuerpos inútiles del amor.

Todos esos espíritus inflamados,
no pueden por ahora reconocerlo.

He colocado un clavo y otro.
Medido la herida y la costura.
Salvadas del amor y sus engaños.
Nadie lastimará en mayor grado.
Mi caricia fue la cola de una mantarraya
sobre la carne expuesta del corazón.
Las he preparado para la vida,
forjado la resistencia contra el mundo.

Nunca más sufrirán el abandono.
Nunca el olvido, el odio del deseo.
Nunca la rabia, la impotencia inútil
del amor no correspondido.

I make the wound to save you

No matter what they say I will never agree
I was a miserable guy. A disgrace.
And they've said it many times. What I am.
What I've really been,
is a maker of scars as robust
as sequoia trunks
from Redwood National Park.
Others will recognize it.

Hearts empty as oysters,
no devotion left, broken reliquaries.
They witness the absinthe of the lonely.
Those expressionless stares, almost hateful,
roll as dry straw spools
over love's useless bodies.

All those swollen spirits
cannot recognize it for now.

I have pounded a nail or two.
I have measured the wound and the stitch.
They are now safe from love and its deceit.
Nobody will hurt any harder.
My touch was the tail of a stingray
over the heart's exposed flesh.
I have prepared them for life,
forged their resistance against the world.

No longer will they suffer from abandonment.
Never from oblivion nor hatred of desire.
And neither from rage or from the useless impotence
of love not returned.

He levantado los cimientos del fuego.
He pulverizado los bosques. Ahí,
donde pasé mi boca sobre un cuerpo,
nunca más florecerá la hierba.
He dado un rostro al cual odiar
después de un amor incontenible.

Lo que soy.
Lo que realmente he sido.
Es un constructor de almas.

I have erected the foundations of fire.
I have pulverized the forests. There,
where my tongue passed over your body,
grass will never grow again.
I have provided a face to hate
after a boundless love.

What I am.
What I've really been.
Is a maker of souls.

Sobre el autor

Randall Roque, escritor costarricense. Ha publicado los siguientes libros: *Cuando las luciérnagas hablan* (Cuentos, 1998), *Itinerario de los amantes* (Poesía, 2003), *Amores domésticos* (Fotopoemas, 2009), *Estrellas de madera* (CD: poemas italiano-español, 2007 con música electrónica, flamenco y blues), *Las Lunas del Ramadán y otras alegorías* (Libro heterogéneo: cuento, poesía, fábula, entre otros, 2011), *Los alegres somos más* (selección poética 2003-2012), *Alguien llama a tu puerta* (Cuento, 2014), *Isla Pop* (Poesía ilustrada por el pintor Carlos Tapia. Ediciones REA, 2015), *Contracultura* (Summa, Perú, 2017), *Desplazados y Adictos* (Ediciones Juglar, España, 2020).

Primer Lugar en el Premio Internazionale di Poesia Castello di Duino, 2007, reconocido por la UNESCO, la Presidencia de la República de Italia y otorgado por el Príncipe Carlo Alessandro Della Torre e Tasso en el Castillo de Duino donde el poeta Rainer María Rilke escribió varias de sus obras.

En el 2017, participó en el marco del Festival Internacional Primavera Poética de Poesía de Perú, donde recibió una medalla y publicación de su libro *Contracultura*.

En el 2019, participó en el V Encuentro Internacional de Escritores en el Bío Bío, Chile (Entre Culturas). Por su contenido, se solicitó no continuar con lecturas de poemas de su libro *Contracultura* & *Desplazados y Adictos*, tales como: Reino de los Ciegos, Miserables, Cristo en Whisky, Cinema 2000.

Su trabajo poético puede hallarse en antologías, entre las que podemos mencionar: Il *gesto della Memoria*, *2005* y *Frontiere, 2007,* ambas de Italia; "Festivali Ndërkombëtar i Poezisë "DITËT E NAI-MIT" Edicioni XVII, publicada en Macedonia 2013; *Variaciones de la voz - Una muestra de poesía latinoamericana contemporánea, 2015* publicada en Argentina (*Revista Gramma* Vol 26, No 54 (2015) - Instituto de Investigaciones Literarias y Lingüísticas de la Escuela de Letras, Facultad de Filosofía y Letras, Universidad del Salvador, Ciudad Autónoma de Buenos Aires, Argentina), *Voces del vino* (New York, Books & Smith, 2017) - 1er Lugar International Latino Book Awards – Multi Author, y en la Antología Costarricense *Otras Voces*. También se encuentran trabajos en la Revista Electrónica Círculo de Poesía.

About the author

Randall Roque is a Costa Rican writer. He has published the following books: *Cuando las luciérnagas hablan* (short story, 1998), *Itinerario de los amantes* (poetry, 2003), *Amores domésticos* (picture poems, 2009), *Estrellas de madera* (CD: poems in Spanish and Italian with electronic music, flamenco and blues, 2007), *Las lunas del Ramadán y otras alegorías* (mixed book with short story, poetry, fables, etc., 2011), *Los alegres somos más* (selected poetry, 2003-2012), *Alguien llama a tu puerta* (short story, 2014), *Isla Pop* (poetry illustrated by painter Carlos Tapia, Ediciones REA, 2015), and *Contracultura* (poetry, Summa, Peru, 2017), and *Desplazados y Adictos* (Ediciones Juglar, Spain, 2020).

He has been awarded First Place in the International Poetry Award Castello di Duino, 2007, recognized by UNESCO and the Italian President's Office, and awarded by Prince Carlo Alessandro Della Torre e Tasso at Duino Castle, where poet Rainer Maria Rilke wrote some of his works.

In 2017, he was recognized as part of the Poetic Spring International Poetry Festival in Peru, where he received a medal and his book *Contracultura* was published.

In 2019, Roque participated in the Fifth International Writers Summit at Bío Bío, Chile (Entre Culturas). Because of the content of his books *Contracultura* and *Desplazados y Adictos* (including the poems "Reino de los ciegos," "Miserables," "Cristo en Whisky," and "Cinema 200"), he was asked to stop reading at the summit.

His poetry is found in a number of anthologies, including: *Il gesto della Memoria* (2005) and *Frontiere* (2007), published in Italy; Festivali Ndërkombëtar i Poezisë "DITËT E NAIMIT Edicioni XVII, published in Macedonia in 2013; *Variaciones de la voz—Una muestra de poesía latinoamericana contemporánea*, 2015," published in Argentina (*Revista Gramma* Vol. 26, No. 54 [2015], Instituto de Investigaciones Literarias y Lingüísticas de la Escuela de Letras, Facultad de Filosofía y Letras, Universidad del Salvador, Ciudad Autónoma de Buenos Aires, Argentina); *Voces del Vino* (New York, Books & Smith, 2017), First Place in the Multi-Author Category of the 20th International Latino Book Awards; and the Costa Rican anthology Otras Voces. His work also appears in the online magazine Círculo de Poesía.

Sobre el Traductor

Mauricio Espinoza, traductor y escritor costarricense. Es profesor de literatura y estudios culturales latinoamericanos en la Universidad de Cincinnati. Ha publicado *Respiración de piedras* (2016), que recibió el Premio de Poesía 2015 de la Editorial de la Universidad de Costa Rica. Sus poemas también aparecen en *The Wandering Song: Central American Writing in the United States* (Tía Chucha Press, 2017). Es co-traductor de *Territory of Dawn* (Bitter Oleander Press, 2016) y *The Fire's Journey* (Tavern Books, 2013-2019), traducciones al inglés de la obra de la poeta costarricense Eunice Odio. Sus traducciones al español de la obra de José B. González y Lorena Duarte fueron publicadas en *Teatro bajo mi piel: Poesía salvadoreña contemporánea* (Kalina, 2014).

About the translator

Mauricio Espinoza, Costa Rican writer and translator. He is assistant professor of Latin American literature and cultural studies at the University of Cincinnati. He has published *Respiración de piedras* (2016), which received the 2015 Poetry Prize by the Editorial de la Universidad de Costa Rica. His poems also appear in *The Wandering Song: Central American Writing in the United States* (Tía Chucha Press, 2017). He is co-translator of *Territory of Dawn* (Bitter Oleander Press, 2016) and *The Fire's Journey* (Tavern Books, 2013-2019), translations of the work of Costa Rican poet Eunice Odio. His translations into Spanish of the work of José B. González and Lorena Duarte were published in *Theatre Under My Skin: Contemporary Salvadoran Poetry* (Kalina, 2014).

Hago la herida para salvarte de Randall Roque

La poesía, la buena poesía, debe enfurecerse ante la realidad y mostrar lo que no es visible a primera vista. Un poeta debe escribir y describir lo que ve a su alrededor sin olvidar contarnos lo que siente, hacernos partícipes de su experiencia y cómplices de su mirada.

Randall Roque no atraviesa el espejo en busca de otra realidad, sino que lo rompe para que ese reflejo fragmentado, partido en mil pedazos como la vida misma, quede atrapado en cada uno de sus versos, y los arroja a los ojos del lector para que los afronte y los disfrute.

"Se trata de explicar estas cosas / en un poema..." aunque la poesía sea aséptica –como dice el poeta–, ese poeta "desnudo" que en *HAGO LA HERIDA PARA SALVARTE* viste de verdad la realidad, si es que la realidad importa, "y ya sabes que no miento cuando hablo de estas cosas".

Javier Bozalongo

I Make the Wound to Save You by Randall Roque

Poetry, good poetry, must become enraged in the face of reality and show what's not visible at first sight. A poet must write and describe what he sees around him without forgetting what he feels, and make us participants of his experience and accomplices of his gaze.

Randall Roque does not go through the looking glass in search of another reality, but breaks it instead so that that fragmented reflection, broken in a thousand pieces like life itself, remain trapped in each one of his verses. He then throws them at the readers' eyes so they must face them and enjoy them.

"It's all about trying to explain these things / in a poem…" even if poetry is aseptic —as the poet states—, that "naked" poet who in *I MAKE THE WOUND TO SAVE YOU* dresses reality in truth, if reality even exists, because "you already know I don't lie when I talk about such things."

Javier Bozalongo

www.ingramcontent.com/pod-product-compliance
Lightning Source LLC
Chambersburg PA
CBHW022009160426
43197CB00007B/350